경쟁 없는 교실엔 경쟁력이 없다

경쟁 없는 교실엔 경쟁력이 없다

"30년차 사회과 교사의 교실 바로세우기"

글 조윤희

백년동안

이 책에 나오는 학생들의 이름은 모두 가명 또는 별명입니다.

머리말

하고 싶은 말이 많아지며 생각이 깊어질수록 들어가는 글이 거창해지고 서사가 많아져버림을 여태의 경험으로 알고 있으면서도 '서문'이란 달랑 두 글자만 써놓고 낑낑거리길 한 달이 넘게 흘려버렸다니 참 부끄러운 고백입니다.

정말 시간이 없어 책의 전부를 읽기 어려울 땐 서문만 읽어본 책도 있다고들 하던데, 그 어마어마한 서문을 대체 어떻게 써야 할까 고민이 깊어질 수밖에 없었습니다.

그렇습니다. 이 작고 보잘것없는 책자는 30년을 한결같은 마음으로 같은 자리에 서서 아이들과 울고 웃으며 올바른 교육을 해보자고 고민해온 한 교사의 흔적들을 묶은 기록에 다름 아닙니다. 서울에서 스물여섯 해를 나고 자란 한 인간이 낯선 항구 도시인 부산으로 그 뿌리를 옮겨와 교단에 서온 이후, 인간으로 여물어가며 교사로서 성숙해가며 그리고 사회과를 가르치는 교사로 부대껴온 성장통의 기록

같은 것이기도 합니다.

'교사가 수업이나 잘하면 되지.'

하긴 그 생각으로 교단에 서온 날들이 근 30년입니다.

가르치는 교과가 사회과이다보니, 교과서도 교과서지만 세상 돌아가는 이야기도 신문을 펼쳐들고 이야기하기도 하고 학교 울타리 밖 이야기를 감히 떠들기도 했습니다. 교과서를 보며 혹은 다른 교사들과 대화를 나누어보며 정말 너무 다른 생각을 하는 사람들이 많음을 깨닫곤 했습니다.

평등보다 자유를 이야기하면 이상하게 보인다는 것을, 치열하게 경쟁할수록 사회가 정의로워지고 인성이 바로잡혀간다고 말하면 낯설어한다는 것을, 빈부 격차는 나쁘지 않다고 이야기하면 이상한 사람으로 보인다는 것을 시간이 흐르며 느끼게 되었습니다.

일본을 왜 늘 우리의 적이라고 말해야 하는지 이해가 가지 않는다고, 숱하게 우리에게 사과를 한 일본이 아직도 우리와 청산할 과거가 있는지도 이해되지 않다고 말하니 어느 순간 '친일 교사'가 되어버리더군요. 민족은 상상의 공동체에 불과한 것이니 국가와 국민의 덕목을 이야기하자고 말하면 사람들이 눈살을 찌푸리는 모습을 보아야 했습니다.

공짜에 길들여져가는 사람들이 무서웠습니다. 남 탓으로만 돌리는 사람들이 두려웠고, 진실을 직시하기보다 믿고 싶은 것만을 쉽게 받아들이려는 사람들이 늘어가는 것을 보면서 그것에 맞서야 한다고 생각했습니다. 뒤틀리고 오염되어가는 교육 현장을 어떻게든 지켜내야 한다는 생각에 가슴이 답답한 날들이 이어졌습니다.

그래서 어떻든 알려야 한다는 생각으로 작은 글을 쓰기 시작했고 이곳저곳에 기고도 했습니다. 그렇게 먼지처럼 쌓인 글들을 하나로 묶어보기로 했고 이 책은 그렇게 태어나게 되었습니다.

제1부에서는 교사로 30년을 살게 한 소소한 사연들을 먼저 소환했습니다.

힘들고 어려운 학생들 편에 서야만 제대로 된 교사가 아닐까, 공부를 잘하고 똑똑한 학생들은 굳이 내가 돌볼 필요 없지 않을까 하고 생각하는 오만한 시간들도 있었습니다. 물론 제가 그랬듯 힘들고 어렵고 가정에 문제가 있는 학생들의 이야기를 결코 외면할 수 없었기에 늘 눈물과 가슴 졸임이 있었지요.

그러나 교실에서 만나야 하는 학생들은 그 아이가 공부를 잘하건 못하건 가정에 문제가 있건 없건 성장의 길 위에 있었고, 길을 묻고 있었습니다. 교사의 부족한 판단만으로 도움이 필요한 아이와 그렇지 않은 아이를 선별하는 것, 그 또한 편견이고 선입견일수 있음을 깨달아가는 시간들이 이어졌습니다.

눈물로 지켜봐야 하는 아이가 있고, 적극적 개입이 필요한 아이가 있습니다. 무조건 '내 편'이 그리운 아이도 있습니다. 한 교실에 서른 명의 학생이 있다면 선생님이 필요한 아이의 모습도 서른 가지였습니다.

교사로서의 세월을 흘려보내며 그것을 알아가게 되었습니다. 교사의 도움을 먹고 성장통을 앓아가며 자라는 아이들의 이야기를 엮어 제1부에서 전합니다.

제2부에는 날마다 사회과 교사로 교실을 오르내리며 겪는 이야기들을 풀었습니다.

자유와 평등, 성장과 분배. 그 어느 하나도 중요하지 않은 것이 없으니, 선입견으로 세상을 보지 말자고 가르쳐야 한다고 믿습니다. 강자는 악하고 약자가 선하다는 '언더 도그마'에 빠져서는 안 되며, 이분법적 사고에 길들여지면 안 된다고 생각했습니다. 과거의 역사, 이웃 나라와의 관계. 그것도 미래를 살아갈 아이들은 '긍정과 진취'로 바라보게 하고 싶었습니다. 뒤틀린 교과서와 교재 등을 뒤집어 보고 거꾸로 보게도 해서 생각하는 힘을 길러주고 싶었습니다. 교실에서 일어나는 소소한 반전도 풀어내봤습니다.

사회과 교사 이전에 대한민국 교사로 품어온 가슴 속 응어리를 제3부에서 전합니다. 많은 이야기들이 있지만 다 하지 못한 말들도 많고, 어쩌면 앞으로도 기회는 더 있으리라 생각합니다. 교단 이야기는 아직도 현재 진행형이니까요.

이런 부족한 사람이 교사로 설 수 있게 30년을 세워주시고, 지켜주시고, 이런 졸고들이 나올 수 있게 해주신 하나님께 감사드립니다. 이 넋두리가 세상에 나오기까지 그간 지면을 할애해주셨던 「펜앤드

마이크」와 「에듀인뉴스」에 감사드립니다. 또한 이 부족한 글들이 책으로 엮일 수 있게 해주신 백년동안의 김광숙 대표님, 편집을 맡아주신 김세중 선생님, 그리고 원자력과 관련한 전문적 자문이 필요할 때마다 도움을 주신 '에너지포럼 21'의 조성진·윤병조·이현철·정재준 교수님께 깊은 감사의 말씀을 올립니다. 환경 문제에 대한 전문 지식이 필요할 때마다 도움을 주신 박석순 교수님께도 감사 말씀을 올립니다.

끝으로 부족한 아내에게 늘 힘을 실어주고 든든한 버팀목이 되어주고 넉넉한 마음으로 지켜봐주는 남편과, 설렁설렁 불량 엄마 노릇에도 사랑으로 응원을 아끼지 않은 사랑스런 두 아이들, 여든 넘으신 연세에도 집안 살림을 도맡아 힘을 주신 부모님께도 감사를 전하고 싶습니다.

지금도 교실에서 빛나는 눈으로 저의 수업에 귀를 기울이는 학생들, 저를 교사로 거듭나게 해온 제 훈장 같은 제자들. 모두가 감사한 이들입니다.

이 작은 책이 세상에 나오게 되면 이 모든 분들의 산고가 함께한 결과임을 잊지 않겠습니다.

유니샘의 교단 이야기는 지금도 현재 진행형입니다.

2020년 녹음이 짙어지는 6월 어느 날

조윤희 올림

차례

제3부 대한민국 교사입니다

제1부

나는 교사입니다

교직은 A/S 유효 기간이 없다

한 자리에서 늘 한결같은 모습으로 자신의 자리를 지키기란 어쩌면 쉬운 일일 수도 있고 간혹은 어려운 일일 수도 있다.

교사가 된다는 것은 세상의 흐름을 붙잡아 작은 교실 안에 풀어 놓아야 하는 일이기도 하고, 비 온 뒤 죽순처럼 자라는 아이들을 위해 때로 외풍을 막아 주는 일이기도 하고, 험한 세상을 향해 나갈 아이들에게 백신을 맞춰 내보내는 역할을 하는 것이기도 하다. 한마디로 멀티플레이어가 되어야 한다. 다만 그것을 의무적으로 할 것인가 즐기면서 할 것인가의 차이가 있을 뿐.

"삐리링." 문자가 왔다.

[선생님, 저 성민이(가명)에요. 오랜만에 인사드립니다.]

[오랜만이구나. 그동안 어찌 지냈니?]

[선생님, 저 그새 취직도 했고 벌써 3년차 직장인입니다. 선생님, 연말에 부

산 집에 가려고 하는데 제가 식사 대접하겠습니다.」

그렇게 한 4년 만에 만난 성민이. 그래도 밥은 선생님이 사야 하지 않겠느냐 했으나 극구 자기가 대접하겠노라 고집을 꺾지 않아, 마지못해 근사한 밥을 얻어먹었다. 첫술부터 배부른 식사는 밀린 이야기꽃을 피우느라 한 시간가량이나 이어졌고, 찻집으로 옮겨서도 시간 가는 줄 모르며 서너 시간이나 더 계속됐다.

두루 고만고만 잘하는 고 1

고등학교 1학년 성민이는 공부는 잘하는 편이고 무던하고 평범한 아이였다. 인문계 고등학교 1학년 아이들은 누구나 거쳐야 하는 문·이과 계열 선택이 다가왔다. 보통 국어·영어·사회과 등에 흥미가 있고 성적도 좋은 아이들은 별 고민 없이 인문계를 선택하고, 수학·과학 등에 흥미를 보이거나 잘하는 아이들 역시 당연하다는 듯 자연계를 택한다. 문제는 성민이 같은 아이들이다. 특출나게 잘하거나 못하는 것 없이 전 과목을 고만고만하게 잘하는 편이어서 뭘 해도 잘할 수 있을 것 같고 딱히 적성이 어느 쪽인지 쉽게 판단이 서지 않는 아이들.

진로 선택의 첫 단추를 끼워줘야 하는 1학년 담임은 눈과 귀가 바빠질 수밖에 없다. 정작 아이들 스스로는 인지하지 못해도 담임은 객

관적으로 관찰하면서 조언을 해줄 수 있을 정도의 단서를 찾아내야 하기 때문이다. 보통 6월 전에는 이듬해 쓸 교과서를 주문해야 하므로, 4~5월쯤에는 아이들의 계열 선택에 어느 정도 윤곽은 잡고 있어야 한다. 진로 상담도 자연히 이 무렵에 집중적으로 이뤄진다.

성민이는 반에서 3~4등 정도, 전 교과 85점 내외로, 특별히 어느 쪽 성향이 두드러지지 않는 점수 분포를 보이고 있다. 두 차례 면담을 해 봐도 본인은 어느 쪽을 가야 할지 모르겠다고 했다. 결국 아이에게 '숙제'를 냈다.

"성민아, 너는 지금부터 학교 오갈 때, TV 볼 때, 뉴스 볼 때, 신문 볼 때, 관심 가는 직업이 있는지 유심히 봐야 한다. 너랑 맞을 것 같은 직업, 눈길을 끌고 흥미로운 직업 뭐든지. 다시 상담할 때는 말해줘야 한다. 일주일이야, 알겠지?"

일주일 뒤 답은 여전히 "모르겠어요"였다. 두 번 더 숙제를 내 줬으나 여전히 답을 내놓지 못했다. 일주일만 더, 4주째에는 좀 정색을 했더니 마지못한 듯 "공대 갈래요. 이과 가겠습니다" 한다.

"네 생각이냐, 부모님 생각이냐?"

"아무래도 취직을 잘하려면 공대가 좋으니 이과 가라고 부모님께서 말씀하셨어요."

그러나 담임인 내가 관찰한 바로는 아니었다. 전 교과에서 고른 성적을 보이지만, 수업 시간에 보이는 흥미도나 질문에 대한 대답 등등을 보아서는 인문계 쪽이 좀더 적성에 맞아 보이는 아이였다. 내심

'친구 따라 강남'일 수도 있겠다 싶어,

"이과를 가고 싶은 진짜 이유를 말해 봐!"

하고 물은 결과 뜻밖의 답변을 들었다.

"선생님, 솔직하게 말씀드려도 되나요?"

"그럼, 당연하지."

"저기…… 문과 가면 한문 해야 되고 이과 가면 안 해도 된대서 이과 가려고 그랬어요."

목소리는 점점 기어들어갔고, 결국 꿀밤 한 대를 선물로 받고 문과로 결정했다. 땅, 땅, 땅!

계열을 정하고 자신의 선택이 옳았다는 확신을 갖게 돼선지 성민이는 1학년 때 반에서 3~4등 하던 성적이 2학년 돼서는 문과 2~3등으로 뛰어오르더니, 2학기에 문과 1등을 한 뒤로 수능을 칠 때까지 거의 그 등수를 유지해나갔다. 수시 전형에서 ㅅ대 경영학과와 ㅇ대 경영학과를 지원한 결과 ㅅ대 경영학과에 합격했다. 그게 2009년의 일이니 어느덧 십 년이 되었다.

졸업을 해도, 교단을 떠나도

오랜만에 만난 오늘도 첫 화제가 그 일이다.

"그때 선생님이 저 안 말려 주셨으면 공대 갔다가 지금쯤 다시 수능 친다고 학교 기웃거리고 있거나, 꾸역꾸역 그냥 공대 졸업하고 한

숨만 푹푹 쉬고 있었을지 몰라요."

4년 전 대학 졸업 앞두고 찾아와서는 학부 성적이 좋아 미국 어느 기업의 장학금을 받고 있다는 이야기로 날 기쁘게 하더니, 그사이 취업해 벌써 직장 생활 3년차란다. 금융결제원. 본인은 만족하고 있었고, 제법 직장인 티도 났다.

"금융결제원이면 핀테크·블록체인도 다루니?"

"선생님이 그런 것도 아세요?"

"명색이 사회 선생님인데! 세상 돌아가는 이야기를 전문가만큼은 아니더라도 뭐가 뭔지 정도는 알아야 하고, 아이들이 질문하지 않아도 교사는 준비돼 있어야지."

고개를 끄덕이는 얼굴에, 나이 들어도 게으름 피우지 않고 공부하는 선생님의 제자라는 데 안도하는 기색이 스쳤다.

화제는 가상 화폐에 이어 직장 생활의 에피소드들이며 연애담으로, 다시 자연스레 공부 얘기로 이어졌다. 직장 생활을 하며 피아노도 배워보고 테니스·수영·중국어도 배워봤는데, 결국 놀이처럼 하던 취미 활동은 다 접고 지금도 계속하고 있는 것은 중국어더라, 가만히 보니 자기가 멈추지 않고 하고 있는 것은 공부이더라는 얘기였다. 안정된 직장 생활을 하고는 있지만 막연히 승진만을 목표로 삼기엔 좀 허전하고 공허한 것도 같다고 했다. 열심히 살아가는 서른 살 직장인의 고뇌가 묻어 있었다.

"공부를 좀더 하는 건 어떻겠니? 유학을 갈 거라면 미국이나 영국·독일 쪽도 좋지 않겠니?"

"중국어를 HSK(한어수평고시漢語水平考試) 4급까지 따놨는데, 6급까지 해보려고요. 유학은 중국 쪽 대학 생각하고 있는데……."

"외국어는 도구일 뿐이니, 정말 하고 싶은 공부를 하려면 어느 나라를 가는 게 좋을지는 그 분야 전문가들 도움을 좀더 받아봐."

이미 외국 나가 공부하는 아이들 이야기에, 결혼을 하고 유학을 가는 것이 나으냐 유학 다녀와 결혼을 하는 것이 나으냐, 배우자는 어떤 사람을 만나는 것이 좋겠느냐…….

그러다가 고 1 때 성민이 어머니와 상담을 한 일도 처음으로 얘기해 주었다.

"어머니 상담도 하셨어요?"

고 1, 2 이태 동안 내가 성민이 담임을 했다. 아이들 진로 상담을 하면서 부모님 상담을 같이 하는 경우가 더러 있는데, 성민이는 내성적이고 말수가 적었기 때문에 더더욱 어머니와의 상담이 필요했다.

성민이는 고등학교 3년 동안 말 안 하고 자습 도망간 일이 딱 한 번 있는데, 도망을 밥 먹듯 하는 친구들보다 더 엄하게 야단을 맞아 당시에는 야속하고 억울했다고 한다. '스터디 플래너'에 장기·중기·단기 공부 계획을 나누어 적고 날마다 그날치 계획을 세우게 하고 점검해 주었더니 그게 습관이 되어 지금도 체계적으로 잘하고 있다는 이야기 등등…… 과거와 현재를 넘나드는 이야기 중간중간에 성민이는 고맙다는 인사를 거듭 했다. 주변에, 그리고 또 다른 제자들 중 이 아이에게 소개해주면 도움이 될 사람들이 누가 있을지 떠올려보며, 내가 조만간 서울을 한번 가면 함께 만나 자문하고 도움도 구해보자는 말로 대화를 마무리했다.

"선생님, 진짜 A/S 확실하시네요. 졸업할 때 선생님께서, '내 A/S는 유효 기간 없이 평생이다!' 그러셨거든요."

그렇다. 오늘은 10년 만의 A/S였지만 5년차, 10년차, 바로 얼마 전 헤어진 28년차 아이까지, 유효 기간 없이 평생 A/S가 이뤄지는 직업. 이 A/S는 교단을 떠나서도 계속될 것이다. 교단이 무너지고 학교가 삭막하다지만, 내게는 오늘 성민이 말고도 준형이·성현이·원중이·도땡이…… 손가락으로 다 꼽을 수 없는 A/S 기록들이 빼곡하다.

교도소에서 온 편지

현수(가명)는 내가 금성고등학교에 온 첫해 2학년 담임을 하면서 맡은 학생이다. 첫인상은 말수가 적고 생각이 많은 아이 같았다. 나 자신이 외향적이고 쾌활한 성격이 못 되기에 나와 비슷한 성향의 아이들에게 더 마음이 쓰인다. 늘 생각이 많았고, 바람은 굴뚝같아도 내가 먼저 쉽게 다가가거나 당당히 요구를 말하는 일은 죽었다 깨어나도 잘 하지 못하기에, 그런 아이들의 속내를 누구보다 잘 이해할 수 있다는 자부심도 내심 있다. '성격'과 열등감 — 생각은 많아도 입밖으로 내어놓기엔 자기검열이 많았던 청소년기 나의 자화상이다.

그래서 교사가 된 후에도 늘상 아이들과 소통하는 방법을 고민했다. 아날로그 시대엔 『씨실과 날실』이라고 제목을 붙인 학급 일기와 개인 일기장 검사하며 메모로, 개인 홈페이지가 유행할 땐 홈페이지로, 미니홈피가 뜰 땐 또 미니홈피로, 드림위즈의 '지니' 같은 메신저가 등장했을 땐 이걸로 학급 단체 대화를 하는 등, 아이들과의 원활한 소통이 나의 화두였다. 지금도 물론 갖가지 SNS를 동원하고 있다.

아이들 생김새와 성격만큼이나 다양한 스터디 플래너

또 하나 중요한 소통 통로는 '스터디 플래너'였다. 학생들이 각자 자기 공부 스케줄을 적은 플래너를 매일 내면 거기에 피드백을 적어 돌려주는 식이었다.

현수는 매일은 아니어도 거의 거르는 법 없이 꼬박 일 년 이상 스터디 플래너를 제출했다. 일상의 소소한 느낌과 공부 기록과 선생님의 피드백이 빼곡히 적혀갔다. 그렇게 나름대로 열심히 공부해 대학에 진학했고, 이후 연락이 뜸하다 아주 끊기면서 보니 현수의 기억 속에서 나는 사라져 간 듯했다.

그러다 SNS 덕에 졸업 후 십여 년 만에 다시 연락이 닿았다. 반가운 답신이 오가던 어느 날 "월급 탔으니 선생님께 대접하겠다"는 갸륵한 제안이 왔다. 그렇게 '밥은 현수가 사고 계산은 내가' 하는 저녁 식사를 두어 번 함께했다.

울타리 밖에서 계속 크는 아이들

고등학교 땐 그렇게 수줍던 아이가, 대학생이 되어 유럽에 가서 일 년여 동안이나 현지에서 낯선 사람들과 생활한 이야기며, 세계 각지를 돌아다니며 겪은 이야기들이 술술 풀려 나왔다. 고등학교 시절 '소심쟁이'이던 모습과는 사뭇 달랐다. 몇십 년 한 울타리 안에서 늙어 간 선생과 달리, 넓은 세상에 나가 훌쩍 자란 30대 청년은 성격도 그렇게 달라져 있었다. 만날 때마다 이야기에 취해 시간 가는 줄 모르고 한참을 듣곤 했다.

'잘 자랐구나!' 뿌듯함이 가슴 가득 번져왔다.

그러던 어느 날,

연수 중인 내게 모르는 전화가 걸려 왔다.

"조 선생님이시죠? …… 저, 현수 에미입니다."

"아, 예! 오랜만이네요, 어머님."

현수 어머니였다. 어머니가 무척 망설이며 어렵사리 꺼낸 이야기인즉, 현수가 유죄판결을 받고 교도소에 가 있다는 것이었다. 자초지종을 토해 놓으며 어머니는 울먹였다. 나도 속으로는 까무러치게 놀랐지만 내색은 못 하고 담담한 척 그저 듣고 있을 수밖에 없었다. 어머니는 현수가 평소 선생님 말씀을 많이 했노라고, 그래서 죄송하고

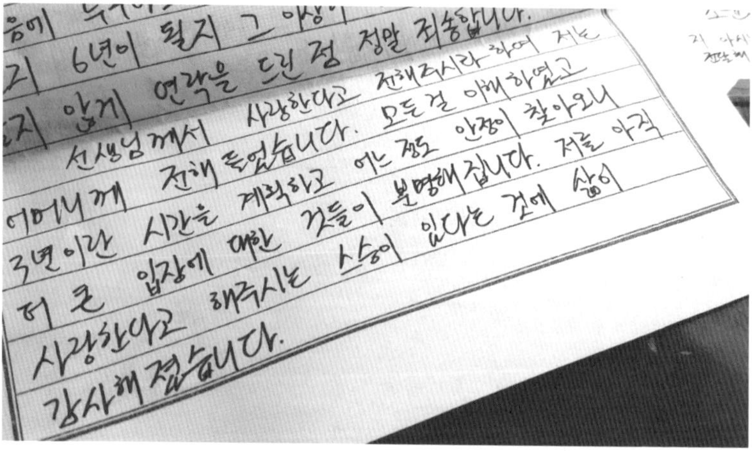
지 않게 연락을 드린 점 정말 죄송합니다.
선생님께서 사랑한다고 전해주시라 하여 저는
어머니께 전해 들었습니다. 모든 걸 이해하였고
3년이란 시간을 계획하고 어느 정도 안정이 찾아오니
더 큰 입장에 대한 것들이 분명해집니다. 저를 아직
사랑한다고 해주시는 스승이 있다는 것에 삶이
감사해졌습니다.

현수의 옥중 편지. "저를 아직 사랑한다고 해주시는 스승이 있다는 것에 삶이 감사해졌습니다."

부끄럽지만 선생님께 연락 드리게 되었다고 했다.

아이를 '그곳'에 보내고 어머니가 책상을 정리하다가, 낡은 노트 한 권을 발견했단다. 고등학교 시절 아이가 선생님과 주고받은 마음의 기록들이 빼곡하더란다. 2학년 때 그 스터디 플래너였다. 그걸 한 장 한 장 꼼꼼히 읽으며 어머니는 한참이나 울었다고 했다. 살기에 바빠 아이가 고등학교 때 무슨 생각을 하고 어떻게 자라고 있었는지, 그저 잘하고 있겠거니, 제가 알아서 하겠거니 그렇게만 생각하고 있었는데, 아이가 부대끼며 자라고 있을 때 선생님이 곁에 있었구나 싶은 생각에 눈물이 났다고 했다.

이야기를 듣고 있는 나도 눈물이 핑 돌았다. 그러나 어떻든 아이는 지금 '그곳'에 있다. 듣고 보니 남의 신체에 해를 끼친 흉악한 범죄는 아니었다는 걸로 자위해야 했다. 세상은 마음먹은 대로 살아지지 않는다는 것, 누군가 공교롭게 파놓은 함정에 빠지면 어쩔 수 없이 수렁으로 빠지게 될 수도 있다는 현실이 아팠다.

"…… 현수가 선생님께 편지를 드려도 될까요?"

"당연하지요! 편지 하라고 전해주세요. 그리고 어머니, 면회 가시면 말씀 전해주세요. 사랑한다고, 선생님이 너 사랑한다고 하더라고, 꼭 전해주세요."

아픈 손가락도 다 내 손가락

편지가 왔다. 꾹꾹 눌러쓴 현수의 편지엔 후회가 가득했고, 이제 다시 시작하게 되면 인생을 어떻게 살아야 할지, 담담한 관조와 새로운 각오가 묻어났다. 잘하라고 이야기해주셨는데 이렇게 못난 모습으로 연락 드려 죽고 싶을 만큼 괴로웠지만, 선생님께서 사랑한다고 말해주셔서 삶이 감사해졌다는 이야기도 빼놓지 않았다.

한 차례 답장을 하고서는 일상에 쫓겨 다시 편지를 보내지 못했다. 오늘은 개학식, 그사이 해가 바뀌었으니 현수가 담장 밭 햇빛을 되찾을 날도 한 해 더 가까워졌을 것이다. 그간 하지 못한 이야기를 적어 오늘은 현수에게 편지를 써야겠다. 현수가 머무는 곳은 이곳에서 잠깐 거리. 면회는 장담 못 하더라도 편지로나마 마음을 전해야지.

졸업한 지 한참 된 제자들이 이따금 연락을 해 올 때 꼬리표처럼 붙이곤 하는 말이 있다.

"선생님께서 저를 기억하실지 모르지만……."

기억하고말고! 다는 아니라도 대체로는 기억이 난다. 아이들이 생각하는 것 이상으로 선생님들의 기억력은 세다.

졸업한 아이 중엔 당당하게 자신의 성취를 뿌듯한 훈장같이, 승전보같이 알리며 연락해 오는 경우가 많지만, 현수처럼 버거운 소식으로 접하게 되는 아이도 있다. 하지만 한 손에도 예쁜 손가락이 있는가 하면, 좀 찌그러진 손가락도 있는 법이다. 그래도 다 내 손가락이다. 아픈 손가락 하나쯤 건사하기가 무에 대수랴.

겨울이 길어도 봄은 올 테다. 담장 안에 있는 현수에게 갈수록 띄엄띄엄해지는 편지들이 도리어 출소가 가까워졌음을 알리는 새봄 매화 향기처럼 느껴졌으면 좋겠다. 힘든 시간 잘 견뎌내 더욱 단단해지고 깊어져 있을 그날, 현수와 다시 만날 일을 기대해본다.

나의 상담 교사 입문기

2학년 때는 사회 교사로, 3학년 담임교사로, 그렇게 현기와 나의 인연은 시작되었다.

사회를 가르치던 2학년 때, 수업 시간마다 컹컹거리며 쏟아내는 현기의 기침 소리에 수업을 진행하기 어려울 정도였다. 감기 한번 걸렸다 하면 늘 기침감기였고, 길게는 두어 달씩 계속되는 기침 소리가 여간 신경 쓰이는 것이 아니었다.

'도대체 아이 엄마는 뭘 하느라고 애가 저렇게 기침을 하도록 방치할까?'

더 참을 수 없어 담임선생님에게 물으러 갔다.

"현기가 아주 어릴 때 어머니가 집을 나가셔서, 현기는 할머니랑 아버지랑 살았어요. 할머니도 중 2 때 돌아가셨고, 아버지는 일정한 직업 없이 날품으로 현장 전전하는 노무자고요. 아버지가 지방에 일하러 가면 현기 혼자 숙식 해결하고 등교해야 돼요."

누런 이빨이 아기같이 조그맣게 삭은 것도, 교복이 세탁기 속에서 하룻밤 잔 듯 늘 꼬깃꼬깃한 데도 다 이유가 있었구나! '오지랍퍼' 본능이 스멀거렸다. 자식들 먹이려고 집에 주문하는 배즙과 생강즙을 이번에는 넉넉하게 두어 박스 더 시켰다. 수업 마치고 사회실을 나가는 현기를 불러 세웠다.

"이따 종례 끝나고 들러서 이거 가지고 가라."

"뭔데요?"

"너 기침이 하도 안 떨어져서, 샘이 우리 애들 거 주문할 때 더 시켰다."

"괜찮은데요."

"이눔아! 내가 안 괜찮다. 너 기침 안 떨어지면 폐렴으로 가. 그리고 후딱 나아야지, 계속 달고 있음 안 돼! 배즙 값은 나중에 너 졸업하고 갚든지 말든지."

그렇게 들려 보냈다. 두어 박스를 다 먹었다 싶을 즈음엔 기침도 잦아드는 기색이었다.

세상에서 제일 시끄러운 알람시계

그렇게 만난 현기가 고 3 때 내 담임반이 되었다. 담임으로 만나고 보니 간섭하고 챙길 일이 더 많이 눈에 띄었다. 열 받을 일이 늘었다는 뜻이기도 하다. 지각을 밥 먹듯 했고, 일상생활도 엉망이었다. 구겨진 정도가 아니라 어떤 때는 덜 말린 채로도 입고 오는 교복과 체육복은 온 교실에 괴로운 냄새를 진동시켰다. 운동을 좋아해 틈만 나면 축구나 농구를 하는데, 땀에 젖은 채 사물함에 쑤셔넣은 체육복은 쉰내와 곰팡내를 풀풀 날리기 일쑤였다.

고심 끝에, 하루는 현기 것뿐 아니라 교실 안에 굴러다니는 체육복들을 임자 없는 헌것들까지 죄다 걷어다가 학교 세탁기로 빨기로 했다. 미화원 아주머니께 사정을 말씀드리고 다른 비품 빨 때 같이 좀 돌려주십사 부탁드렸더니 흔쾌히 해주셨다.

그렇게 '체육복 보모' 노릇이 시작되었다. 갓 빨아 섬유유연제 향기가 폴폴 나는 뽀송뽀송한 체육복을 현기 사물함에 넣어주고, 한번 입은 체육복은 교탁 아래 칸에 넣어두기로 했다. 현기도 쾌적한 체육복을 입는 게 좋았던지 별 이견 없이 룰을 지켜 나갔다.

문제는 지각이었다. 아버지가 지방에 일하러 가시면 깨워 줄 사람이 없어서인지 걸핏하면 지각을 했다. 휴대폰 알람을 맞추지만 막상 울리면 끄거나 이불 속에 파묻어버리고 계속 잔다고 했다. 전화하면 끄고, 문자는 이불 속에서 혼자 부르릉거렸다. 뭔가 강력하고도 파격적인 알람이 필요했다.

"알람시계 하나 사주랴?"

현기는 고개를 끄덕였다.

그러고는 바빠서 차일피일 미루는 사이, 현기는 "담임은 뻥쟁이"라며 동네방네 떠들고 다닌 모양이다. 하루는 성격 차분하고 조용한 반장이 가만히 와서

"선생님, 알람시계 안 사주신다고 현기가 말이 많은데요."

은근히 부아가 치밀었다. '아니, 내가 안 사준대? 며칠 늦는다고 그 야단이야? 내가 그동안 지한테 해준 것들을 생각하면 어떻게 그렇게 나올 수가 있지? 고맙다는 말 한마디 못 할망정!'

그제야 깨닫고보니 녀석은 그때까지 단 한 번도 고맙다는 말도 한 적이 없었다. 인사 받자고 하는 일은 아니지만, 흉을 보고 다닌다니 적반하장도 유분수지! 하루 종일 혼자 부글거리다가, 오늘은 기필코 알람시계를 사서 내일 그 녀석 코앞에 던져줘야지 벼르며 퇴근길에 마트를 향했다.

'세상에서 제일 시끄러운 알람시계를 사 줄 테다!'

시동을 걸고, 현기를 떠올리며 운전을 하다가 문득,

'엄마!'

현기 어머니가 떠올랐다.

배우지 못했을지 모른다

핏덩이일 때 헤어져 얼굴도 모른다는 어머니. 아이들은 세상에 태어나 맨 처음 부모한테 말하기와 기본적인 예의를 배우는 법인데. 사회화의 가장 기초적인 단위가 가족이고 그중에서도 엄마 아빠인데. 현기 엄마는 어릴 때 아이를 버렸고, 할머니는 손주 가여운 마음에 응석이나 받아줬을 테고, 먹고살기 바쁜 아빠와는 "책값이요" "급식비요"

정도 말곤 대화다운 대화조차 나누어본 적 없을지 모를 일이다.

눈물이 핑 돌았다. 이런 아이에게 내가 뭘 기대했단 말인가. 옷을 빨아 입히며, 아침마다 전화해서 깨우며, 고맙다는 인사나 받자고? 알람시계까지 사주고는 큰절이라도 받겠다고? 숯불을 확 끼얹은 듯 얼굴이 뜨거워지고 가슴이 콱 막혀왔다. 부끄러웠다.

'배우지 못했을지 모른다!'

대화다운 대화를 배운 적도, 자신에게 잘해주는 사람에게 어떻게 고마움을 표현해야 하는지, 진심을 전할 땐 어떻게 해야 하는지 배운 적도 없었을지 모르는데! 시간을 거꾸로 돌려, 오히려 내가 아이에게 서운한 티를 낸 적이 혹시라도 없었는지, 고맙다는 인사를 기대하며 티를 내지는 않았는지 복기해 보았다. 알량한 현장 경험만 믿고, 아이들 잘 돌보고 상담이나 해주면 충분히 잘하는 거라고 여겨온 나의 오만이 어쩌면 아이들에게 상처가 됐을지도 모른다. 그나마 현기는 툴툴거리고 주변 친구들에게 떠들기라도 했지만, 그렇게도 못 하고 속으로만 끙끙거린 아이들이 없었다고 어찌 장담할 수 있을까?

눈물이 핑 돌았다. 그날로, 나도 전문가가 돼야겠다고 다짐했다. 상담 전문가. 아이들의 마음을 잘 이해해줄 수 있는 진짜 교사.

그해 수시 입시를 마무리 짓고 바로 부산대 교육대학원 교육학과 교육심리(상담) 전공의 문을 두드렸다. 선무당질로 또 누구를 다치게 하려나 싶은 걱정과 안타까움에 더 망설일 수 없었다. 1급 상담전문교사 자격과 학교상담 석사학위에 늦깎이로 도전해 4년 걸려 목표를 이루었다. 다시 '제2의 현기'를 만나도 이제는 상처 주지 않고, 제 길 가는 아이를 잘 응원해줄 수 있는 초보 상담교사가 되었다.

스산한 봄비 내리는 아침, 교실 여기저기서 나는 쿨럭 쿨럭 소리를 들으며, 7년 전을 떠올린다. 지금쯤은 멋진 청년이 되어 있을 현기를 마음속으로 응원하며.

커터칼을 든 타로 점성가

재혁이의 가방은 언제나 크고 무거워 보였다. 신입생답지 않게 묵직한 가방 속이 늘 궁금했지만, 책을 많이 갖고 다니는 모양이라고만 생각하고 넘어갔다.

재혁이는 아이들과 어울리기보다 선생님들과 함께 있는 게 더 편한지, 교실에선 늘 교사들 주위를 맴돌았다. 한번은 내가 아침 자습 시간에 『사회사상사』라는 책을 읽고 있는데 슬그머니 곁으로 와서 힐끗 보더니 "그 책, 재미있겠네요" 흘리듯 한마디 하고 빙긋 웃기도 하던 그런 아이였다. 이제 갓 고등학교 올라온 아이가 마르크스와 베버·뒤르켐 같은 이름들로 도배한 책을 보고 재미있겠다고 말하기란 쉽지 않을 일이었다.

산스크리트를 독학하는 고 1

한번은 자기소개서를 쓰라고 했더니, 특기 사항에 '산스크리트어'라고 써놓았다. 허풍일까 망상일까, 아니면 정말로 괴짜 천재일까? 넌지시 "그런 고어는 어디서 왜 배웠니?" 물었더니, 고대 종교를 알고 싶은데 그 경전들을 읽으려면 필요할 것 같아 독학으로 공부한다는, 알듯 모를 듯한 이야기를 했다. 독특한 아이구나, 차츰 알아가리라 하고 그날은 마음에만 담고 넘어갔다.

3월도 중순으로 치닫던 어느 날, 종례 시간을 조금 앞두고 반장이 교실에서부터 숨을 헐떡거리며 교무실로 쫓아 내려왔다.

"샘! 재혁이가 커터칼을 들고……."

싸움이 났는데 장난이 아니라며, 얼굴도 하얗게 질려 있었다. 말을 더 잇지 못하는 반장을 앞세우고, 나도 쿵쾅거리는 심장을 애써 잠재우며 교실로 달려갔다.

재혁이는 연필 깎는 칼 정도가 아니라 보기에도 묵직한 목공용 커터칼을, 날을 최대한으로 빼 쥐고 서슬이 퍼래서 교실 문 앞에 서서 부들거리고 있었다. 한 차례 주먹다짐이 벌써 오갔는지 한쪽 볼이 벌겋게 부어올라 있었으나 다행히 분노의 대상이 우리 반 아이는 아니었던 모양이다. 재혁이를 '뚜껑 열리게' 한 옆반 아이를 반 아이들이 달겨들어 일단 떼어놓고 말리는 동안 반장이 날 부르러 뛰어 내려온 것이었다.

칼날을 들고 교실 문 안쪽을 노려보던 재혁이가 내 쪽으로 시선을 돌려 노려보았다. 섬뜩하고 서늘한 눈빛이었다. 살기에 찬 시선이란

게 어떤 것인지 처음 느껴보았다. 일단 아이의 분노를 진정시키고, 겁에 질린 다른 아이들도 안정시켜야 했다.

"재혁아! 자리로 돌아가 앉거라."

"안 돼요. 그 자식 죽여버리고 저도 죽을 거예요!"

"무슨 일인지 알아야 너를 보내주든지 말든지 할 테니, 지금은 일단 자리에 돌아가 앉거라. 지금 선생님을 죽이고 교실 밖으로 나갈 게 아니면!"

애써 단호함을 가장하며 말하자 재혁이도 한풀이 꺾여 물러서긴 했으나, 여전히 분노를 주체하기 못하고 칼 든 손을 부르르 떨며 자리에 앉지를 못했다. 아이를 한켠에 세워둔 채 종례를 마치고, 학급의 다른 아이들을 일단 내보내고, 재혁이를 노려보았다.

"칼부터 내려놓고 얘기하자."

아이는 분노를 삭이지 못하면서도 칼만은 일단 거두었다. 텅 빈 교실에 둘만 남아 이야기를 시작했다.

그날 사건의 발단은 '빈 박스'였다.

아이들끼리 매점에서 얻어 온 커다란 박스를 뒤집어쓰고 장난을 치며 놀다가 흥이 난 몇몇 아이들이 장난기가 지나쳐 재혁이의 박스를 심하게 망가뜨리고 발로 밟아 뭉개버렸다. 자기 것이 망가진 데 화가 난 재혁이가 결정적으로 박스를 밟은 아이에게 사과하라고 했더니 그 아이가 사과하지 않았고 도리어 놀리고 욕을 했고, 화가 머리끝까지 난 재혁이는 칼을 들이대고라도 사과를 받겠다고 나선 것이었다. 하지만 그날 마주친 재혁이의 눈빛에선 단순히 사과나 받자는 사람의 눈빛이라기엔 섬뜩할 정도의 살기마저 느껴졌다.

"저를 한순간 모욕한 것까지는 참을 수 있지만, 다른 사람에게 잘못했으면 사과를 해야 한다는 것도 모르는 건 용서할 수 없어요. 죽여서라도 가르쳐야 한다고 생각해요."

아직도 떨리는 목소리를 주체하지 못하는 재혁이를 이런 말로 타일렀다.

"걔를 찌르고 나면 너를 기다리는 건 뭐니? 지금은 찔러서라도 걔를 가르친다고 하는데, 아까 화가 났을 땐 그 자식을 죽여버리고 너도 죽겠다고 하지 않았니? 네 말대로 그렇게 '무지한' 아이를 죽이고 나서 너도 택할 죽음이 그만한 가치 있는 죽음이니? 사람은 한 번 나고 한 번 죽는다. 지금까지 열심히 공부하고 생각해온 것들이 고작 그렇게 무의미한 죽음과 맞바꿔 던져버릴 만한 거니?"

재혁이는 조용히 듣고 있었다. 한 시간 남짓 이야기를 주고받고 나서야 어느 정도 마음이 누그러져, 한결 편안한 얼굴이 되어 귀가시킬 수 있었다.

조숙한 아이들은 '사연'이 있다

아이를 보내고는 아무래도 학교에서 있었던 일을 집에서도 알고는 있어야겠다 싶어서 재혁 어머니께 전화를 걸었다.

"아…… 선…… 생…… 니—임."

수화기 너머 들려오는 재혁 어머니의 음성은 발음도 부정확했고 소리도 작게 들렸다.

재혁 어머니는 지체장애인이었다. 지적 장애는 아니고, 거동이 불편하고 손발이 부자연스럽고, 안면 근육이 자유롭지 못해 말도 어눌하고 발음이 부정확하다고 했다. 조심스럽지만 학교에서 있은 일을 말씀드렸더니, 어머니는 초등학교 때 이야기를 해주었다.

재혁이는 아주 어릴 때부터 집안에서는 밝고 잘 웃는 아이였고, 지금도 부모님과 관계가 매우 좋단다. 엄마와 대화도 많이 나누고, 밖에 나가 놀기보다 집에 앉아 책 읽는 것을 좋아하는 아이였다고 했다.

초등학교 4학년 때인가, 학교에서 돌아왔는데 옷이 찢어져 있고 온통 흙투성이가 되어 있길래 무슨 일이냐 물었더니, 아이들이랑 싸웠고 별일 아니라고 얼버무리더란다. 계속 캐묻자 끝내 털어놓은 이야기가, 애들이 "너네 엄마 병신!"이라고 놀려서 그 아이들이랑 죽도록 싸우느라 엉망이 되어 들어온 거였다고, 어머니는 담담하게 이야기했다.

가슴이 먹먹했다. 그날 재혁이는 "무지를 용서할 수 없다"고 에둘러 말했지만, 무지가 아니라 무시나 모욕을 당하고 견디기 힘들었으리라는 것을 어렴풋이나마 이해할 수 있었다. 또래들보다 생각이 성숙하고 책만 파고들고 산스크리트같이 희한한 공부를 하는 것도 이해가 되었고, 또래들을 지적 우위로 압도하면 자기를 함부로 대하지 못할 것임을 터득한 재혁이 나름의 '처세술'도 이해할 만했다.

그 묵직한 가방 속 내용물이 무엇인지도 이날 비로소 어머니에게 들었다. 스패너와 망치와 줄, 그리고 펜치와 니퍼 등이었다. 그런 연장들을 들고 다니는 것은 실제로 아이들을 해치거나 공격하기 위해서가 아니라, 남이 자기를 무시하거나 공격하는 다급한 상황에서 꺼내 보이며 상대를 위협하기 위한, 혹은 싸움이 벌어졌을 때 '호신용'으로 들고 다니는 것이란다. 이야기를 해주며 재혁 어머니는 몹시 안타까워했다.

"선새이임. 그래도 그런 연장 같은 거럴 실제 쓰본 저근 업스미다. 아이가 거칠거나 그렇지 않아요. 오히려 그 반대이미다. 하지만 오늘 일은 정말 제송함미다."

어머니는 혹시나 담임교사가 아이를 문제아로 낙인찍기라도 할까 봐 염려가 가득 묻어나는 말로 거듭거듭, 앞으로 절대 그런 일 없도록 가르칠 테니 걱정하지 마시고, 못난 어미 때문에 그렇게 된 것이니 아이를 잘 부탁드린다는 말을 열 번도 넘게 하고서야 전화를 끊었다.

어릴 때부터 다른 어머니와 '다른' 어머니를 원망하거나 기피하지 않고 살갑게 잘 지낸 착한 재혁이가 대견했다. 그 아이가 그간 숱하게 받아왔을 상처에 공명하며, 빈 교실에 혼자 한참을 멍하니 앉아 있었다.

커터칼 해프닝은 그렇게 마무리되었고, 어머니의 사랑 어린 가르침 덕분에 재혁이는 별다른 문제 없이 1학년을 마치고 2학년으로 진급했다. 그동안도 그 무거운 가방은 변함없이 아이의 필수품이었지만, 무겁다고 귀찮아하는 내색도 없었다.

사실 재혁이가 학교 안 명물이 된 이유는 '연장 가방'과 커터칼 사건 말고 따로 있었다. 재혁이가 수학여행 가서도 벗지 않고 X자로 몸에 두르고 잔다는 그 가방에는 연장과 책 말고도 '비기'가 하나 더 있으니, 바로 작은 모포와 타로 카드였다. 재혁이는 종종 다른 아이들에게 타로점을 봐준다며 즉석에서 자리를 펴고 들이대는 '타로 점성가'였다. 점괘가 영 엉뚱하지는 않았던지 아이들 사이에서 명성을 날렸고, 그렇게 아이들에게는 '재미있는 친구'로 자리매김해 갔다.

프로젝트 미션, 신문 배달

다음해 재혁이는 인문 계열을 선택하고 나는 이과반 담임을 맡아 한 해 헤어졌다가, 3학년이 되어 다시 재혁이의 담임반을 맡게 되었다. 한 번 담임을 했고 이런저런 사정도 아는 터라 재혁이도 편안해 했고 나 역시 아이를 대하는 데 별 어려움이 없었다.

3학년이 되면서 학급 일에 좀 더 적극적으로 참여하겠다고 생각을 한 것인지, 임원 선거에서 재혁이가 반장을 하겠다고 손을 번쩍 들었다. 내심 걱정이 되었다. 학급 아이 모두를 통솔할 수 있을까? 아이들과 원만하게 지내며 리더십을 발휘할 수 있을까?

투표에서 재혁이는 당당하게 2등을 해 부반장이 되었다. 그리고 곧 나의 염려는 기우였음이 드러났다. 자진해서 맡은 역할에 재혁이가 최선을 다하는 것이 눈에 보였다. 반 아이들과 무난히 지내는 것은 물론, 조숙함에서 나오는 예의와 배려심이 다른 아이들에게도 알게 모르게 스며들고 있었다. 고 3이라 거의 한 달에 한 번꼴로 이런저런 시험을 치르는데, 어느 모의고사 때는 재혁이가 낱개 포장 된 초콜릿을 한 봉지 사 들고 와서, 아이들에게 격려차 나누어주시라며 나에게 건넸다. "네가 준비한 것이니 네가 직접 주라"고 하니 쑥스러워하며 아이들 책상에 하나씩 올려두었다.

풍부한 독서력 덕분인지 재혁이는 국어에서는 늘 발군의 실력을 발휘했고 사회 과목 중에서도 특히 독해력과 출제 의도 파악이 중요한 사회문화에서 안정적인 등급을 유지했다. 문제는 수학과 영어였다. 산스크리트어까지 공부했다지만 어릴 때 영어 듣기나 말하기에 많이 노출되지 못했고 사교육도 전혀 받지 못해 영어는 정말 어려워했다. 수학도 마찬가지였다. 고 3 담임으로서 진로 지도에 여간 마음이 쓰이는 것이 아니었다.

본인의 희망은 역사학자였다. 형편도 딱한데 역사 말고 다른 공부를 하는 것이 낫지 않겠느냐는 주변의 조언도 있었던 모양이나, 본인의 생각이 워낙 확고했다. 나도 몇 번 상담을 통해 재혁이의 희망이 역사 공부인 것을 알고 있었기에, 본인 희망대로 열심히 해보는 것이 최선이라 생각했다. 재혁이에게 역사는 '좋아하는' 것을 넘어 '잘하는' 것이기도 했다. 나 또한 잘하는 것을 하도록 격려하는 것이 진로 지도라 믿는 터라 격려를 아끼지 않았다.

재혁이는 독서로 다져진 뛰어난 문해력에, 자진 출마해 당선된 부반장으로서 '제도권'에서 적극성도 몸에 익혔다. 하지만 가정 형편상 사교육을 받아본 적이 전혀 없어 '도구' 과목인 수학과 영어는 바닥을 기는 보기 드문 성적 구조를 갖고 있었다. 고 3 담임으로서 고민이 깊어가며, 아이를 볼 때마다 마음 한구석이 묵직해왔다.

사학과가 목표이니 정시보다 수시 모집, 그중에서도 최저 등급 없는 백 퍼센트 논술 전형을 두드려 보기로 했다. 나중에 정시에서 고장의 커트라인 낮은 대학을 다시 노리더라도 일단 최초 목표는 수도권 지역 사학과로 높게 잡았다.

학년 초부터 일찌감치 그렇게 목표를 설정하고, 남은 8~9개월을 위해 '기획된 미션'을 부여했다. 신문 배달이었다.

학교에는 온갖 신문이 배달돼 온다. 우리 학교는 언론재단에서 지원하는 '미디어 선도 학교'에 응모해서 매번 선정되는 학교다. 중앙 일간지를 비롯해 여러 종의 신문이 들어온다. 그중 한 경제신문사에서 발간하는 청소년용 주간지 〈생○생○〉를 급우들에게 전달하되, 더불어 월요일이나 화요일에는 1주일치 신문을 숙독하라는 과제를 부여했다. 특정 신문에 정기적으로 나오는 논술 기출 문제들도 반드시 읽어보라 했다. 예시 답안을 옮겨 쓰고, 잘 쓴 답안이 논제를 어떤 식으로 풀어가는지 그 구조를 익힐 것을 강조했다.

재혁이는 시키는 대로 꼬박꼬박 자신의 미션을 수행해갔다.

담임과의 약속을 성실히 지킨 '타로 점성가'는 그해 논술 전형으로 서울의 ㄱ대 사학과를 지원했다.

"시험은 잘 쳤냐? 어떻더나?"

"샘, 할 만하던데요? 〈생○생○〉 읽으면서 기출 문제 봤던 거랑요, 사회문화 시간에 샘이랑 했던 신문 관련 이야기, 뭐 책 이야기 좀 쓰고 그랬어요."

그렇게 대수롭지 않게 이야기하길래 내심 기대했고, 뚜껑을 열어 보니 과연 합격이었다. 선생님들 모두 "집안 형편 때문에 논술학원 근처도 못 가봤을 텐데 논술 백 퍼센트 전형으로 인서울이라니!" 하며 깜짝 놀랐지만, 재혁이와 나는 속으로 회심의 미소를 지었다. 수학과 영어 점수가 신통치 않아 대신 최저 등급 없는 논술 전형을 겨냥하고 준비해 당당히 합격한 재혁이를 나는 원없이 축하해주었고, 졸업식 날 재혁이는 큰절을 하고 떠났다.

그렇게 서울로 진학한 재혁이가 대학에서도 명물 소리를 듣는다는 둥 유명 인사가 됐다는 둥 하는 소문이 간혹 들려왔다. 몇 년 동안은 해마다 스승의 날이면 전화를 했고, 그날이 아니어도 이따금 한껏 예의 갖춰 한번씩 전화할 때마다 아이가 흔들림 없이 중심을 잡아 단단해지고 어른이 되어감을 느낄 수 있었다.

그사이 군대라도 간 걸까, 지난해와 올해는 연락이 없다. 아마 잘 지내고 있을 것이다. 여러 해 연락이 없다가도 어느 날 "선생님!" 하며 불쑥 나타날 재혁이라는 것을 알고 있기 때문이다. 재혁이와 나만 아는 '느낌적 느낌'이라고나 할까.

"다른 많은 '재혁'들에게도 기회가 있기를"

커터칼을 들었던 '타로 점성가' 재혁이가, 〈에듀인뉴스〉에 두 차례로 나눠 기고한 내 글을 읽고 편지를 보내왔다. 언론의 위력도 위력이지만, 잘 자라준 제자의 손편지에 옛 담임은 감동의 눈물.

조윤희 선생님께,

강산도 바뀐다는 십 년의 세월이 지났지만 여전히 학창 시절은 며칠 전의 일처럼 느껴지곤 합니다. 선생님께서 저에 대한 글을 쓰셨다고 들었을 때, 처음에는 당황스럽기도 했지만 한편으로는 그만큼 저와의 기억이 선생님께 특별하게 남아 있었던 것이구나 하는 생각이 들기도 합니다. 그래서일까요, 저 역시 모처럼 그때의 일들을 다시 한 번 돌이켜보는 기회를 가질 수 있었습니다.

어떤 고통의 기억들은 게워낼 수도 없고 삭아 없어지지도 않는 가시처럼 가슴에 걸려 오랜 시간이 지난 지금까지 남아 있곤 합니다. 그것을 감히 건드릴 때면 아물었다고 생각하는 상처들이 입을 열어 울분을 토해내기도 합니다. 그런 지울 수 없는 기억들이 누구에게나 존재할 것입니다. 그렇지만 한편으로는 즐겁고 행복했던 순간들을 통해 오래된 상처를 덮어버리고 마음에 박힌 가시를 건드리지 않은 채 새로이 발을 내딛을 수 있는 힘을 얻기도 합니다.

다른 사람들과 마찬가지로 저에게도 그토록 힘을 준 많은 소중한 사람이 있고, 선생님 역시 그 가운데 한 분입니다. 저는 일단 자신이 감당할 수 없는 아이들과 마주치면 그들을 손쉽게 문제아로 낙인찍고 마는 교사들을 경험하였습니다. 그와 달리 선생님은 저를 신뢰해주셨고 덕분에 저는 스스로 마음을 다잡고 새 삶을 준비할 기회를 얻을 수 있었습니다. 가장 중요한 시기에 선생님이 저를 지켜보기로 결정하셨기 때문에 저 역시 제 상황을 바꾸려는 노력을 기울일 만한 여유를 가질 수 있었던 것입니다.

선생님께서 언급하신 그 모든 일화들을 저 역시 기억하고 있습니다. 야간 자습 시간에 학우들과 마주앉아 점을 칠 때는 정말 즐거웠습니다. 다들 제 엉터리 점에 호응해주었다는 사실이 고맙기만 합니다. 아마도 수험을 앞둔 학생들이 으레 그렇듯 모두들 앞날을 내다볼 수 있다는 확신이 필요했던 것 같습니다. 그리고 이제 와서 말씀드리는 것이지만 사실 지루한 야간 자습을 잠시 미뤄둘 좋은 구실이 되기도 했답니다. 지금 생각하면 다소 엉뚱하게 보일 수 있었던 많은 일이 당시에는 얼마나 진지하게 느껴졌던지!

모의고사가 다가올 때마다 제가 학우들에게 나눠줄 초콜릿을 사는 데 얼마나 용돈을 썼는지 잘 기억이 나지는 않습니다. 하지만 그 비용이 결코 헛되이 쓰인 것 같지는 않은 것 같습니다. 혹시 다른 학우들의 기억 속에 책상 위에 올려진 초콜릿 한 조각이 어렴풋이 남아 있다면 그것만으로 충분할 것입니다.

하지만 기억에 남는 특별한 일들이 아닌, 평범하지만 다른 중요한 하루하루의 삶들이야말로 이번 기회를 빌려 언급해야 할 것 같습니다.

무엇보다 제게는 선생님의 평소 수업이 좋은 기억을 많이 안겨주었습니다. 사회문화 수업은 언제나 제가 자신 있게 질문에 대답하거나 수업에 집중할 수 있었던 시간이었습니다.

진학에서도 안 된다고 말씀하시기보다는 논술을 위한 자료를 준비해주시고 상담을 진행하면서 제 꿈을 이룰 수 있도록 다른 방법을 찾아봐주신 덕분에 저는 진학의 꿈을 포기하지 않을 수 있었습니다.

선생님이 기억하시는, 가방 속에 연장을 쟁여둔 '재혁이'들은 어디에나 존재합니다. 이따금 저는 제 인생의 분기점을 생각하곤 합니다. 이 사회가 고통에 대한 기억을, 정상성의 테두리 바깥으로 밀려나는 사람들을 다루는 방식으로 미루어볼 때 저는 지금보다 더 나쁜 삶을 살 수도 있었으리라고 충분히 짐작할 수 있습니다. 선생님은 제가 그 가운데 가장 나은 미래를 선택할 수 있도록 해주신 분입니다. 저는 이 사회의 다른 '재혁이'들에게도 그런 기회가 찾아오기를 바랄 뿐입니다.

지금 저는 그때의 다짐대로 역사학자가 되고자 박사 과정을 밟고 있습니다. 제 가방은 여전히 무겁고, 당분간 그 무게가 줄어들 일은 없을 것 같습니다. 달라진 것이 있다면, 지금의 저는 더는 점을 보거나 스스로 점을 치지 않습니다. 미래를 아는 것보다는 미래를 맞이하는 방식이 삶을 결정하는 데 더 중요하기 때문일 것입니다. 따라서 이제 저는 더는 점을 칠 필요가 없으며 아마도 앞으로도 그럴 것입니다.

언제까지나 건강하고 행복하게 지내시길 바랍니다.

당신의 제자가

좋아하는 일 말고 잘하는 일

창수는 악동 중의 악동이었다. 흔히 하는 말로 골통이었다. 수업 시간에 자는 것은 기본이고, 어쩌다 깨어 있는 시간은 만만하다 싶은 젊은 선생님, 그것도 여선생님 시간으로, 눈을 부스스 뜬 채 수업을 방해하기 일쑤였다. 떠들지 말라고 하면 안 떠들었다고 뻔대고, 질문하면 입을 굳게 다물고 묵비권. 적당한 거짓말에, 잦은 지각이나 결석 같은 문제로 지적 받으면 따박따박 말대답. "선생님은 뭘 잘하셨는데요?" "학생하고 이렇게 시비를 따지는 건 교사다우신가요?" 심성이 여린 선생님은 울면서 교실을 나가기도 했다.

잘된 진로 교육은 인성 교육이다

악명 높은 창수가 3학년 때 내 반이 되었다. 새 담임은 평소 하던 방식으로 휘둘려지는 사람은 아니었다. 창수는 온갖 거짓말을 지어내 상담을 무력화시키는 전략을 들고 나왔다. 날조된 출생의 비밀이라든가, 어려서부터 귀가 잘 안 들렸고 곧 청력을 상실할 거라는 등등. 상담 전공으로 학교를 다시 다니고 나서 이제야 생각해보니, 창수는 관심을 받기 위한 '강화 작용'을 하고 있었던 게 아닐까 싶다.

3학년이라면 피할 수 없는 진학 상담. 3월 초의 두 번째 상담이었다. 희망하는 학교·전공을 물었더니, 대학 따위는 가고 싶지 않다고 했다.

"그래도 네가 정말 하고 싶은 것, 잘하는 것이 있을 거 아니니?"

"…… 컴퓨터요."

컴퓨터 게임 할 때는 시간 가는 줄 모르겠고, 컴퓨터와 씨름하는 것은 무조건 좋다고 했다.

대학 갈 생각도 없는 아이를 보충 수업이니 야간 자율 학습이니 해서 붙잡아놓으니, 본인도 고역이지만 공부하려는 아이들을 들쑤시고 말 걸고 들락거려 오히려 방해나 되는 날들이 2~3주 더 지났다.

3월 셋째 주에 다시 마주앉았다.

"창수야, 학교 재미없지?"

"예, 지겨워요. 보충 안 하면 안 돼요, 선생님? 야자 안 하면 안 돼요?"

"네가 컴퓨터에 취미가 있는 건 알겠는데, 그걸 놀이로만 해서는 먹고살 수가 없다. 그걸 직업으로까지 연결시키려면 남보다 잘해야 돼. 기왕이면 좋아하는 일을 잘하면 더 좋지 않겠니? 이렇게 하면 어떨까? 자습도 보충 수업도 빼주는 대신에, 컴퓨터 학원 등록한 수강

증을 가져오너라. 졸업 전까지 컴퓨터 관련 자격증을 3개 이상 따오기로 약속하면, 선생님이 자습과 보충은 유예시켜주마. 어떠니?"

아이는 천국의 문턱에라도 온 것 같은 표정으로 몇 번이나 고개를 끄덕이고 돌아가더니, 일주일 뒤 컴퓨터 학원 등록증을 제출했다. 할 일이 생겼고 그 일이 원래부터 흥미를 갖던 일이다보니, 제대로 몰두하느라 남을 괴롭히고 시비나 걸 겨를도 없어져 교실도 평화를 되찾았다. 개인으로도 생활이 반듯해져가고 약속을 지키려고 노력하는 티가 부쩍 났다.

졸업할 때까지 1년 동안 창수는 컴퓨터 관련 자격증을, 약속한 세 개를 초과 달성해 다섯 개나 땄다. 부산의 2년제 대학 컴퓨터 관련 학과에 진학했고, 졸업 후 컴퓨터 프로그램을 개발하는 벤처 회사를 차려 열심히 일하고 있다. 이따금 나를 찾아와서는, "그때 선생님의 선택은 '신의 한 수'였어요!" 하고 너스레를 떨곤 한다.

밥이나 먹고 사느냐고 물으면 "월급쟁이보다는 나아요" 하며 활짝 웃는 창수. 담임은 컴퓨터만 좋아하는 아이에게 컴퓨터를 업으로 삼을 길을 일러준 것뿐인데, 제대로 길을 가리켜주는 진로 교육은 이렇게 인성 교육까지 되기도 한다.

'진학' 아닌 '직업' 교육

"선생님이 하시는 경제 교실에 무조건 넣어주세요."

담임선생님 손에 이끌려 내 앞에 온 1학년 경태는 작고 마른 체구에 눈만 빛나는 아이였다. 말수가 적고, 다부져 보이는 입매가 책임감 강한 아이라는 인상을 주었다.

"왜 무조건 경제 동아리에 들어오겠다는 거니?"

"돈을 잘 벌고 싶어서요."

돈을 '많이'가 아니라 '잘' 벌고 싶다? 별난 아이다 생각하며 허락을 해주었다.

그렇게 나의 경제 동아리에 들어온 경태는 내신 성적을 줄곧 유지하면서도 동아리에서 수행하는 프로그램들을 무서운 속도로 해치웠다. 아침 자습 전 '0교시'에 우리 동아리는 영자 신문의 칼럼을 하루에 하나씩 읽고 요약해 토론하는 수업을 했는데, 경태는 3년 동안 한 번도 그 시간에 빠지지 않을 정도로 부지런하고 성실했다.

2학년이 끝나갈 때쯤 경태가 한국개발연구원(KDI)이 주관하는 경제 경시대회에 응시해보고 싶다고 의논해왔다. 이런저런 준비를 시켜보았더니 스펀지처럼 빨아들이면서 잘해나갔다. 내로라 하는 특목고·자사고 아이들까지 총출동한 전국 경시대회에서 경태는 당당히 3등(은상)을 했다.

경태는 수학과 사회 과목을 잘하고 경제 관련 공부에 두각을 보여, 나도 장차 경제학을 전공해보라고 은근히 부추겼다. 어느 날은 생일인데 새벽부터 자습실에 나와 공부하는 걸 보고 김밥을 사다 먹이기도 했다. 감기가 잘 떨어지지 않는 걸 보고 홍삼진액을 주문해 주면서, "부담 가지실 테니 집에는 절대 말씀드리지 말고 학교에서만 살짝 먹어라" 했는데 집에 가서 요란스레 자랑을 해버려, 졸업식 날 오신 어머니가 나에게 큰절을 하겠다 해서 곤혹을 치르기도 했다.

3학년 때, 경태의 멘토로서 고교 3년의 생활을 오롯이 알고 있는 내가 담임선생님 대신 진학을 위한 추천서를 쓰게 되었다. 이때야 비로소, 지난 3년간 지도하면서 알지 못했던 경태의 경제학과 지원 동기를 듣게 되었다.

초등학교 때 경태의 집안 형편은 나쁘지 않았다고 한다. 학원을 운영하던 부모님이 학원 규모를 무리하게 키우려다가 어려움을 겪었고, 때마침 IMF 사태를 맞아 부도가 나게 되었다. 집에 압류가 들어와 가구마다 '빨간 딱지'가 붙는 것을 눈앞에서 보았고, 경찰이 찾아와 집 안까지 들어와서는 부모님을 동행하여 나가는 것을 보며 울기만 했다는 이야기를 하면서 경태는 울먹였다. 나의 경제 교실에 들어오겠다고 담임선생님에게 이끌려 찾아온 날, 돈을 '잘' 벌고 싶다고 한 데는 그런 사연이 있었다.

평소 성실한 학교생활, 최선을 다하는 삶을 늘 이야기하던 아이다. 그런 사연까지 듣고나니, 그저 있는 대로 아는 대로 써주자고 맡은 추천서도 자연히 진실되고 간절한 내용이 될 수밖에 없었다. 그렇게 ㅅ대 경제학부에 진학한 경태는 졸업 후 투자 회사에 들어가 밤낮없이 일하며 제 갈 길을 닦고 있다.

진로 지도의 첫 번째 물음은 언제나 '뭘 하고 싶으냐'이다. 아이들은 당장 자기가 좋아하는 일을 자신의 진로와 동일시하기 일쑤다. 그러나 좋아하는 일은 직업이 아니라 취미로 하는 게 어울릴 때가 많다. 직업으로 연결하려면, 자기가 남보다 비교우위에 있는 '잘하는' 일을 찾아야 한다. 그래야 제 힘으로 땀 흘려 일해 자립하고, 남도 도울 마음의 여유 있는 건실한 직업인으로 살아갈 수 있다. 사회인으로서 올바른 인성이라는 것도 결국은 '제 앞가림'이 된 뒤라야 갖춰지는 것 아닐까.

바람직한 진로 교육은 4년 다닐 대학을 바라보는 '진학' 교육이 아니라, 4년 뒤부터 평생을 위한 '직업' 교육이어야 한다. 건실한 직업인을 길러내는 교육은 자연히 인성 교육을 겸하게 마련이다. 여기에는 선생님과 아이 사이에 싹튼 신뢰와 사랑, 배려와 공감이 반드시 있어야 하니, 제대로 된 진로 교육은 곧 정의적(情意的, affective) 교육이기도 하다. '교육' 두 글자가 이렇게 무겁다.

쉰 김밥 두 줄

"이럴 바엔 차라리 공휴일 하지!"

스승의 날은 자조 섞인 교사들의 목소리가 여기저기서 터져나오는 날이다.

교사 28년차가 "가방 두 개 가득 담긴 선물 꾸러미를 하나하나 풀어보던 시절도 있었다"고 하면, 이제 막 사도(師道)에 들어선 풋풋한 젊음들은 상상이나 할 수 있으려나?

라떼는 말이야…… 스승의 날은 아이들이 선물 꾸러미뿐 아니라 정성스러운 손편지까지 써서 들고 오는 날이기도 했다. "개별 선물은 부담스럽다" "잔잔한 선물 여러 개 드리느니 반 전체가 모금해서 제대로 하나를 드리자"며 1인당 얼마씩 모금을 하는 해도 있었다.

그런 기억을 간직한 교사와, 자판기 커피 한 잔만 받아도 위법이 되는 것에 익숙한 교사가 아직 한 울타리 안에서 함께 근무한다. 이 또한 지나가리라.

10년도 더 된 어느 해 스승의 날. 교사와 아이들은 이런저런 이벤트와 파티로 그날을 즐겼다.

소풍(지금은 '체험 활동'이라고 부른다) 날이면 반장들이 담임교사를 위해 걸판진 도시락을 싸오던 시절 얘기다.

반장인 기훈이는 운동을 좋아하고 아이들과 친화력이 좋았다. 밝고 구김 없는 성격이기는 해도, 중 2 남자아이가 으레 그렇듯 한창 사춘기다운 활동성과 반항기는 감출 수 없었다.

즐거운 소풍 날. 본부석을 중심으로 반별로 자리를 잡고, 교사들이 앉아 있는 본부석으로 각 반 반장들이 커다란 찬합들을 들고 속속 도착했다. 기훈이도 신문지로 돌돌 싼 도시락을 들고와 불쑥 내밀었다.

"뭘 이런 걸 다……. 고맙다, 잘 먹을게."

기훈이는 내던지듯 도시락을 건네고 인사도 하는 둥 마는 둥 겸연

찍은 듯 달아났다. 신문지에 싸인 도시락을 조심스레 풀자, 일회용 플라스틱 도시락에 싼 김밥 두 줄이 나타나며 살짝 쉰내가 풍겨왔다. 여러 생각이 복잡하게 머릿속에 감돌았다.

'아이 어머니가 도시락 쌀 형편이 안 되셨나? 미리 싸두었나, 사왔나? 만약 샀다면 어린애한테 어떻게 이런 도시락을 팔았을까? 장사꾼을 내가 그냥!'

기훈이는 그사이 어디로 숨어버렸는지 보이지 않았다. 어쩌면 어디엔가 숨어, 요란한 찬합들의 향연 속에서 자기 담임선생님만 홀로 신문지에 싸온 도시락을 앞에 놓고 그걸 정말로 먹기나 하는지 지켜보고 있을지도 몰랐다. 나도 마침 아침을 거르고 온 참이라 시장한 김에 일단 반 줄을 먹어봤다.

'쉰 김밥 먹는다고 죽기야 하겠나.'

행여 옆반 선생님한테 밥이 상한 걸 들킬세라 신경 쓰면서, 마침내 두 줄을 다 해치웠다.

'무슨 독을 먹을지라도 해를 받지 아니하며……'(「마가복음」 16:18).

튼튼한 장기를 주신 하나님께 감사했다.

소풍 다녀오고 며칠 지나서야 기훈이에게 조심스레 이야기를 꺼내보았다.

"그날 도시락 고마웠다. …… 네가 산 거니?"

"네, 제가 샀어요. 아침 일찍 가면 김밥집이 문을 안 열었을까 봐,

전날 사서 가방에 넣어두었어요. …… 선생님, 말씀 안 드렸는데, 저희 엄마는 새엄마예요. 새엄마한테 부담 드리고 싶지 않았어요."

상황 정리 끝, 더 물을 것도 없었다.

아이를 보내고서, 혹시 내가 놓치고 지나친 것일까 해서 생활기록부를 들춰보았다. 기훈이 어머니가 새엄마라는 단서는 없었다. 학년 초 기훈이와 면담할 때도 그런 내색이 없었기에 나로서는 짐작도 할 수 없었던 일이다.

쉰 김밥 덕에 기훈이의 사정을 알게 되어, 나중에 어머니와 통화를 할 기회가 있었다. 쉰 김밥 이야기는 물론 하지 않았다. 학교생활이며 집에서 생활은 어떤지, 사춘기다운 반항기와 좌충우돌 등등 여러 이야기를 나누는 가운데, 배 아파 낳지 않았어도 기훈이를 사랑하는 어머니의 정이 전해져왔다. 친어머니가 돌아가시고 아버지가 재혼해 나이 차가 나는 동생도 생겼는데, 딱히 잘 못 지내는 것도 아니지만 스스로 거리를 두는 눈치라고 한다. 돌아가신 어머니에 대한 그리움과 사춘기의 성장통. 쉰 김밥에도 위장은 멀쩡했지만, 배 대신 마음 한 켠이 아려왔다.

그렇게 중학교를 졸업한 기훈이는 3년 뒤 해양대에 진학했다가, 교사의 꿈을 접지 못해 재수 끝에 다시 교원대에 진학했다. 지금쯤 대한민국 어딘가에서 교사가 되어 제자를 잘 기르고 있겠지. 그때 김밥이 상했다는 것을 기훈이는 지금도 모르고 있을 것이다. 내게는 세상에서 제일 맛있는 김밥이었다는 것도.

소풍 날뿐이랴. 교과 진도 끝나는 날은 '책씻이'라며 감자·고구마, 집에서 기르는 닭이 낳은 달걀 몇 알 겸연쩍게 스승께 드리던 우리네 정을 지금은 '김영란법 위반'이라 부른다. 스승과 제자, 교사와 학생 사이에 오가는 종이컵 커피 한 잔, 쉰 김밥 두 줄조차 비리의 온상인 것처럼 이야기하는 세상이다.

스물여덟 번째 스승의 날을 보내며, 쉰 김밥 두 줄의 추억을 소환해본다. 라떼는 말이야…….

남고 수학여행에서 사라진 것

올해 수학여행은 제주도였다.

여행이란 언제나 설레고 즐거운 것이어서, 가기 며칠 전부터 한껏 들뜨고 설렌 아이들의 모습은 보는 사람의 마음까지 들쑤셨다. 수업 들어가면 반마다 수학여행 때 장기 자랑을 무엇으로 할 것인지 궁리하느라 다들 유체 이탈 상태가 돼있기 일쑤였다.

수학여행 때 신으려고 징 박힌 신발을 장만한 학생은 쉬는 시간마다 먼지라도 묻을세라 닦고 또 닦곤 했다.

"좀 줬나 보네?"

"예, 쫌 줬십니다, 스앵님!"

말로는 '쫌 아는 체' 했지만, 그 신발이 100만 원도 넘는 초고가 신발이란 건 한참 나중에야 알았다. 학교에서 유행까지는 아니어도 한 반에 한두 명씩은 그 비싼 신발을 신은 아이들이 꼭 있었다. 블랙 재킷, 징 박은 스니커스, 그리고 어른들도 잘 들고 다니지 않는 태블릿

크기의 클러치, 이 3종 세트가 올해의 콘셉트라는 건 제주도에 도착해서야 알았다. 대다수 학생들은 후드 티셔츠에 청바지나 면바지, 심지어 트레이닝 바지 차림에 배낭을 메고 왔지만, 오로지 이날만을 위해 학교를 다닌 부류는 어김없이 여행용 캐리어 외에 고가의 3종 세트를 갖추었다. 다행히 대다수 아이들은 그걸 시샘하는 분위기가 아니었고, 세트를 장착한 아이들도 대체로 끼리끼리 몰려다니기는 해도 딱히 다른 아이들과 담을 쌓지도 않았다. 그렇게 유행을 따르고 만들며 '그들만의 리그'를 즐기는 가운데 따로 또 같이 추억을 만들어나가는 모습이었다.

"샘이 저희 대신 알코올을……"

3박 4일 수학여행의 마지막 밤. 교사들끼리 점호 전 회의를 하고 있는데, 우리 반 학생 하나가 전화를 해서 면담을 요청했다. 20분 좀 지나 나가보니, 대표로 두 녀석이 나와 있다. 심각한 얼굴로, 평소답지 않게 한껏 예의를 갖추며 "드릴 말씀이 있습니다"라고 운을 뗐다.

"샘, 제주의 마지막 밤입니다. 샘이 저희 대신 알코올을 조금 사주시면 안 되겠습니까?"

제주 도착하자마자 가방을 탈탈 터는 수준의 짐 검사를 하겠다고 공언했기에 애당초 술은 갖고올 수 없었고, 우리가 묵은 리조트는 수학여행 전문답게 학생에게는 절대로 술을 팔지 않았다. 마지막 밤에

저들끼리 있으면서 원성이 하늘을 찔렀고, 급기야 담임에게 '네고'를 하러 온 것이다.

담임에게 술 부탁을? 그만큼이나 신뢰한다는 뜻이 한편 고맙기는 했지만, 미안하게도 난 그 부탁을 들어줄 수 없었다. 아니, 들어줘서는 안 되었다.

"첫째, 나는 너희를 믿지만 술이란 놈은 믿을 수 없다. 멈춰야 할 때 멈춤이 잘 안 되거든. 둘째, 수학여행이 아니라 수능 다 끝난 뒤 졸업 여행이라도 된다면 담임 입회 하에 시작과 끝을 같이하고 마무리까지 해줄 수 있을지 모르지만, 아직 법적 성년까지 시간이 좀 더 남았고 내일 일정도 남아 있는 상태다. 셋째, 우리 교사들을 믿고 그대들을 맡겨 보내신 부모님들의 구상엔 열여덟 살 아들들에게 '술 한잔 따라주는 선생'은 없을 테니, 너희를 맡은 나는 그 기대를 저버릴 수 없다. 넷째, 전반적으로 술이 익숙하지 않은 너희는 술 끝에 감정이 격해질 수 있고, 아직 어떤 돌발 상황에 대처할 판단력이 미숙하므로 담임으로서는 예방이 최선일 수밖에 없다. 수학여행 마지막 밤 너희의 기분은 잘 알지만, 그것만은 안 되겠다. 미안하다. 대신, 졸업하고는 술을 대신 받아주는 정도가 아니라 얼마든지 술을 쏘마."

궁색하지만 차분하게 설득하자 둘은 납득한다는 듯 고개를 끄덕이고 꾸벅 하고는 돌아섰다. 나중에 점호를 하러 갔을 때, 한 방에 다 모인 반 아이들은 서운 반, 답답하다는 표정 반으로 나를 쳐다봤다. 안타깝기는 나도 마찬가지였다. 왜 모르겠나, 야자도 학원도 부모님

과거 '미스 금성' 선발 대회에 출전한 여장 남학생들

도 없는 제주까지 와서, 오롯이 청춘들끼리만에 허락된 마지막 밤인 것을.

왁자하게 노는 소리가 늦게까지 들리더니, 새벽 세 시쯤 되며 아이들 숙소 쪽은 조용해져갔다. 믿어준 아이들의 발등을 찍은 고지식한 담임만 뜬눈으로 뒤척이며 기어이 날밤을 지새웠다.

적폐가 된 '미스 ○○'

과거 수학여행의 최대 얘깃거리는 단연 '미스 금성' 선발대회였다. 어느 해 미스 금성이 최고였다느니, 사실은 누가 더 나았다느니, 전설적인 해의 분장과 춤과 입담은 얼굴도 모르는 후배들 사이에까지 회자되곤 했다. 망사 스타킹에 빨간색 하이힐과 오렌지색 가발……. 잡지나 야동이라도 봤는지 어느 해에는 채찍까지 들고 무대에 선 아이들도 있었다. 우스꽝스러운 분장에 한편으로 헛웃음을 참으면서, 저 나이 남자아이들 눈에 비친 여성성은 저런 것이구나 엿볼 기회도 되었다. 그렇게 희화화된 여성성을 아이들은 수학여행이란 울타리 안에서 코스프레하며 웃고 즐겼고, 부당하게 왜곡된 여성관을 어른들은 나중에 기회를 보아 슬며시 바로잡아주기도 했다.

우리 학교만이 아니라 남학교들에는 으레 있었음직한 '미스 ○○'도 이제는 '적폐'가 되었다. 여성을 비하하고 성을 상품화한다는 이유다. 한 시대의 성인지 감수성이 마감되고 새로운 성인지 감수성 시대가 바야흐로 열린 것이다. 한편으론 '용인 가능한 풍자와 희화화'와 '비하와 상품화'의 경계가 모호하다는 생각도 든다. 혐오의 시대, 웃자고 하는 얘기에까지 죽자고 달려드는 것은 삶을 얼마나 팍팍하게 하는가. 그놈의 정치적 올바름(Political Correctness, PC)!

부산행 비행기에 몸을 실었다. 그렇게 예년과 같으면서 다른 또 한 해 수학여행은 막을 내리고 우리는 다시 일상으로 돌아왔다.

Freedom is not free

학년 초가 되면 교실엔 각 학급의 한 해 지표가 될 급훈이 내걸린다. '인내는 쓰나 열매는 달다' 같은 고전형, '오늘 흘린 침은 내일 흘릴 눈물' 같은 팩트폭격형…….

여기 'Freedom is not free — 자유는 거저가 아니다'라는 급훈이 걸린 학급이 있다. 이 학급에서는 자기가 하겠다고 결정한 일엔 책임을 지도록 되어 있다. 숙제를 남에게 미룰 수 없는 것은 기본이고, 심지어 청소도 실명제다.

1년 동안 칠판 위 자리를 지킬 급훈을 수시로 상기시키고 담임교사가 솔선수범해도, 급훈이 무색한 상황이 학기 초부터 연달아 일어난다. 청소는 안 되어 있기 일쑤, 빗자루질 할 줄 모른다고 뻗대는 아이, 수업 시간 내내 잠만 자는 아이, 빽하면 교실에서 싸우는 아이, 선생님께 대들었다가 학생부에 '지도' 받으러 불려가는 아이, 몰래 담배 피다 불려오는 아이……. 과목 선생님들마다 고개를 젓고 혀를 내두른다. 교직 28년차 담임교사에게도 가히 '역대급'으로 기억될 학급을 바야흐로 맡은 것이다.

엉망진창 멋대로인 이 아이들을 단시간에 바로 세운답시고 체벌(물론 간접적인)을 하거나 벌점을 남발할 수는 없다. 자율적인 인간을 길러내자는 자신과의 약속을 파기하고 싶지 않고, 체벌과 벌점에 굴복하는 이중적 인간을 길러내기는 더더욱 싫다. 자발적으로 하는 행동과 체벌과 벌점에 굴복해 하는 행동의 괴리에 익숙해진 아이들은 책임과 진실 따위는 날려버릴 것이다.

'담임인 나부터 조바심을 버리자.'

한두 달로 승부를 볼 수 없겠다는 각오를 새로이 다진다.

두어 명만 있어도 교사의 진을 빼놓을 아이들이 예닐곱 넘는 학급. 차근차근 다가갔다. 우선, 시급히 상담해야 할 아이들부터 선별했다. 열 번 이상 상담을 한 아이도 있다. 담임과 얼굴을 마주하는 것부터 불편해하는 아이에게는 '쓰기'로 다가갔다.

1학기 종업식 날은 급기야 '두 시간 반 종례'라는 대참사가 벌어졌다. 이날을 정점으로 드센 광풍이 좀 꺾이는가 싶더니, 과연 2학기 시작하자 반 분위기가 차츰 호전되는 게 눈에 보였다. "청소가 뭐예요?" 하던 아이들이 2학기 환경 미화 심사에서 '무려' 1등을 해서 단체상으로 문화상품권을 받은 건 예고편에 불과했다. 2학기 끝나는 날엔 어느덧, 헤어져야 하는 걸 아쉬워하는 학급으로 바뀌었다.

'역대급 지뢰밭'을 '헤어지기 아쉬워하는 학급'으로 변신시키는 데

'청소 실명제'로 의무와 책임을 배우는 아이들

화룡점정이 된 사건이 있다.

흔히 보충 수업이라 부르는 '방과 후 학교'를 요즘은 학생들이 선택해서 들을 수 있다. 물론 과목이 다양하지 못하다 보니 듣고 싶은 과목이 없어도 결국은 '선택을 강요'당한다는 함정이 있기는 하지만, 원론적으로는 대학생들 수강 신청 하듯 자기가 듣고 싶은 과목을 신청해 듣는 것이 가능하다.

7교시 끝나고 각자 선택한 과목의 교실로 이동해 듣는 방과 후 학교 수업도 과목별 출석부가 있다. 그러나 담당교사가 굳이 따져 챙기지 않으면 오늘 빠진 학생이 원래 오늘 결석인지, 담임교사에게 사전에 승낙을 받은 것인지, 상습적으로 결석을 하는 건지 알 길이 없다. 그런데 학년의 말썽쟁이들을 다 모아놓은 이 학급 몇몇 아이들이 8

교시 상습 무단 결석이 잦다는 정보가 입수되었다. 명단을 확보해놓고, 2학기 기말시험 전 '땡땡이 양심선언'을 종용해 기어이 받아냈고, 그중 상습 결석자들에게 반성문과 각서를 받아놓은 게 방학 한 달쯤 전이다. 한 달이 흘러 곧 학년을 마무리할 시점이 다가오는데, 고약한 버릇들이 아직 고쳐지지 않은 낌새다. 각서에서 다짐받은 '책임'을 '최후통첩'할 시간이 다가오고 있었다.

"듣자 하니, 아직도 무단 결석자들이 줄지 않는다고 한다. 오늘 내일 모든 방과 후 학교 출석부를 확인해서, 무단 결석자들은 약속대로 '책임'을 묻겠다."

"에이, 샘! 곧 방학인데요? 기말고사도 끝났고요."

"방과 후 학교가 종강을 하지 않았는데 무슨 소리? 그럼 열심히 수업을 듣는 애들은 뭐고?"

"……."

눈치 빠른 아이들은 심상치 않은 기류를 감지하고 점심시간에 교무실로 와 '로비'에 나섰다. "한 번만 봐 주세요" "다른 반도 결석 많아요" "성적도 많이 올랐어요"……. 그러나 이미 담임교사가 결연한 얼굴로 부모님께 편지를 쓰고 있는 걸 보고는 그냥 입을 닫고 교실로 돌아갔다.

○○○ 부모님께,

푸릇한 봄기운이 완연하던 계절에 아이들을 만나 어느새 1년을 함께 지냈습니다. 아이들은 그사이 몸과 생각이 자라고 이젠 어엿한 청년의 면모가 보이네요.

다들 평안하시지요? 저는 담임교사 조윤희입니다.

이 편지를 드리게 된 것은 다름이 아니오라, 귀댁 ○○가 학교에서 실시하는 8교시 방과후 학교에 무단으로 결석한 횟수와 관련하여, 부모님께서도 이 사실을 아셔야 하지 않을까 해서입니다.

○○는 다음과 같이 8교시 수업을 무단으로 빠지고 귀가했습니다. 어쩌다 지각을 하거나 담임교사의 승낙 하에 조퇴를 할 수도 있지만, 수업을 마음대로 빠지거나 조퇴하고, 그것도 반복해서 약속을 지키지 않는 것은 그냥 넘길 수 없는 사안이라 여겨 부모님께 연락을 드립니다. ○○를 어떻게 지도하면 좋을지 제게 의견을 주시면 감사하겠습니다. 꼭 연락 주시길 부탁드리겠습니다.

붙임.

○○가 무단으로 8교시 빠진 기록 1부.

1차 경고 후 본인이 작성한 각서 1부.

2017년 12월 ○○일

담임교사 조윤희 올림

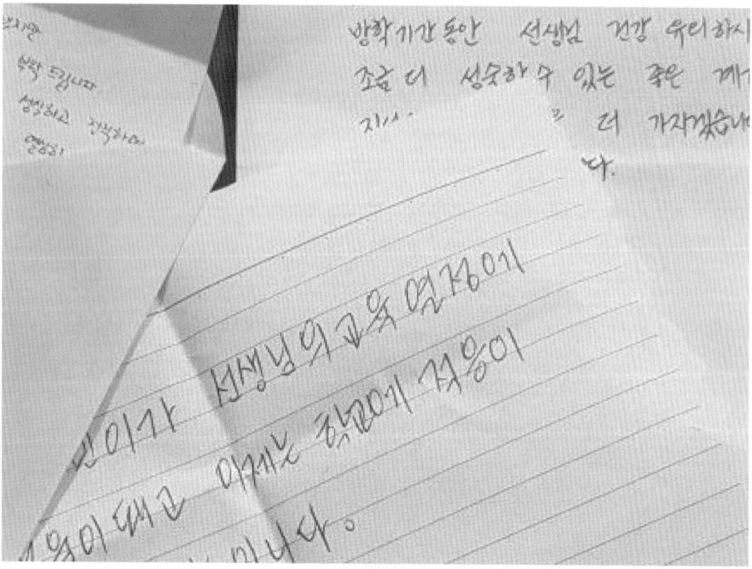

자녀의 방과 후 학교 상습 무단결석을 '고자질'한 담임의 통신에 아홉 집 부모들은 빠짐없이 손편지나 전화로 감사 인사를 전해왔다.

편지를 곱게 봉투에 넣어 아홉 아이의 부모님께 보냈고, 부모님이 손수 쓴 답장 네 통과 전화 다섯 통, 아홉 집의 회신이 다 왔다. 그중 두 분 부모님은 울면서 30분 이상 나와 이야기를 나누었다. 이제 방학 하면 그만인데, 학년이 바뀌면 그만인데, 공부에는 관심도 없는 우리 아이를 끝까지 챙겨주어 고맙다는 인사였다. 편지 덕분에 죽도록 맞았다며 입을 삐죽 내민 아이들도 있었다. 그러나 원망 섞인 불평 속엔 야릇한 감사의 향기도 배어 있었다. 그렇게 학년을 마감하고 겨울 방학을 맞았다.

철부지 아이들이 고등학생이 되어 만난 1학년 첫 학급은 '자유가 있되, 공짜는 없는' 학급이었다. 성실하게 잘하면 결실을 맺고, 책임을 다하지 못하면 자신이 저지른 일에 대가를 지불해야 하고, 그리고 약속을 지켜야 서로가 함께 편해진다는 것을 온몸으로 배운 학년일 것이다. 느리지만 이렇게 멈추지 않는 가르침은 앞으로도 계속될 것이다. 자유는 공짜가 아니니까.

펭수, 레몬청, 호두과자

만남과 헤어짐이 쌍곡선을 그리는 계절. 보내고 맞이하고, 그런 세월이 30년이다.

어느 해도 수월하기만 한 시간은 없지만, 그래도 해마다 가슴 뻐근한 감동이고 감사다. 기쁨은 나누면 두 배가 될 거라 믿는 30년 차 교사는 오늘도 작은 울타리 안의 소소한 일상도 그냥 지나치지 못한다. 작은 꿈을 이제 막 심으려 하는 아이를 자랑하고 싶은 교사여, 그대 이름은 팔불출.

선생님을 닮겠다는 아이

선생님께,

선생님 반에 들어온 지 벌써 1년이 지났습니다.

1년간 제겐 정말 많은 일이 있었지만, 그 시간 중 선생님과 함께 보낸 시간이 저의 사춘기의 터닝 포인트가 된 것 같아 감사의 마음을 담아 편지를 쓰게 되었답니다.

편지는 오래 간직해온 제 진실된 마음을 보여줄 수 있다고 생각했습니다.

선생님께서 제 2학년 담임선생님이셨던 건 제게 큰 축복이었습니다. 선생님께서 저와 비슷한 성장기를 보내신 덕에 진심으로 제 이야기를 공감해주실 수 있었거든요. 솔직히 처음에는 이대 나온 콧대 높은 여선생님 아니실까 걱정했는데 전혀 아니었습니다.

의도하신 것인지는 모르지만, 학기 초 선생님께서 '○○ 꿈 장학생' 신청을 위해 성장 배경을 두 바닥 정도 써오라고 하셨을 때 저는 처음으로 아홉 살에 머물러있는 제 자신을 마주하게 되었습니다. 10년간 묻어두면서 잊혀진 줄 알았고 치유된 줄 알았던 상처가 다시 아프게 다가왔습니다. 선생님 동생도 그랬다며 진심으로 공감해주시는 걸 보고서야 처음 느낀 따뜻함에 어리광이라도 부리고 싶었는지 '아홉 살'의 제가 나타났습니다. 정말 행동도 아홉 살, 생각도 아홉 살짜리로 한 학기를 보낸 것 같습니다. 선생님께서 의도하신 것이었든 아니든, 선생님 덕분에 그때 저는 아홉 살의 저와 이야기할 수 있었습니다.

2학기 12월 무렵에 슬럼프가 찾아왔습니다. 그때 선생님께서 △△이와 상담하며 제 이야기를 하시면서 "승호는 포기하지 않을 거니까"라고 말씀하셨다는 이야기를 들었습니다. 저를 끝까지 믿어주는 사람이 있다는 사실이 정말 얼마나 힘이 되던지, 덕분에 슬럼프를 빠르게 벗어던질 수 있었습니다.

작년 이맘때쯤 선생님께서, 공부하면서 꿈도 찾아보자고 하셨지요. 사실

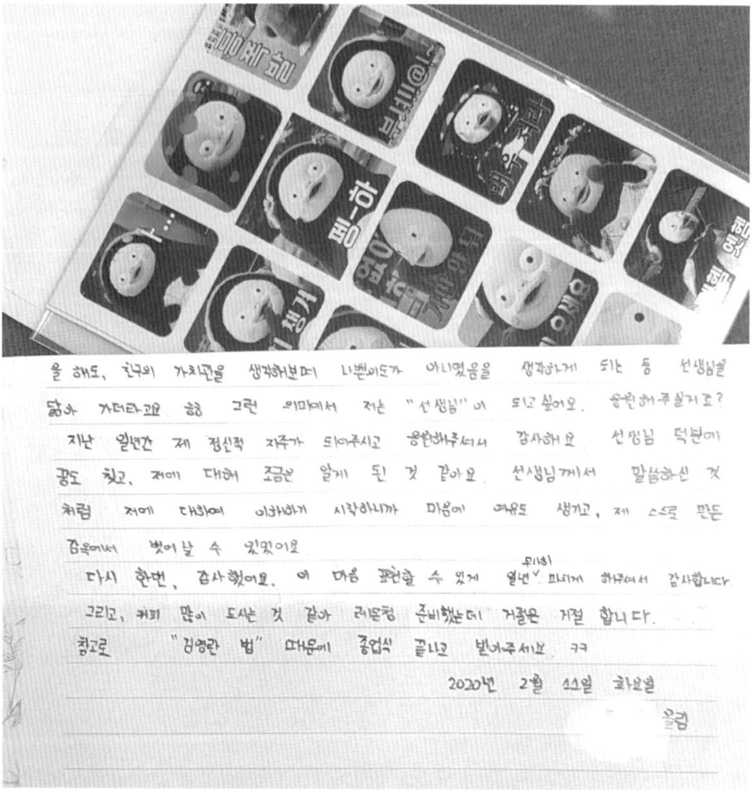

을 해도, 친구의 가치관을 생각해보며 나쁜의도가 아니였음을 생각하게 되는 등 선생님을 닮아 가더라고요 ㅎㅎ 그런 의미에서 저는 "선생님"이 되고 싶어요. 응원해주실거죠?
지난 일년간 제 정신적 지주가 되어주시고 응원해주셔서 감사해요 선생님 덕분에 꿈도 찾고, 저에 대해 조금은 알게 된 것 같아요. 선생님께서 말씀하신 것처럼 저에 대하여 이해하기 시작하니까 마음에 여유도 생기고, 제 스스로 만든 감옥에서 벗어날 수 있었어요
다시 한번, 감사했어요. 이 마음 표현할 수 있게 일년 무사히 마치게 해주셔서 감사합니다.
그리고, 커피 많이 드시는 것 같아 레몬청 준비했는데 거절은 거절 합니다.
참고로 "김영란 법" 때문에 종업식 끝나고 받아주세요 ㅋㅋ
2020년 2월 11일 화요일
올림

"거절은 거절합니다. '김영란법' 때문에 종업식 끝나고 받아주세요."

최근에 꿈이 하나 생겼습니다. 처음으로 돈벌이만이 목적이 아니라 정말 하고 싶은 게 생겼습니다. 저도 선생님이 되고 싶습니다. 간호학과를 들어가서 교직 이수를 해서 꼭 선생님이 되려 합니다.

그리고 제가 많이 성장했다는 사실을 최근에 느꼈습니다. 친구가 간혹 저한테 상처 주는 말을 해도, 친구의 가치관을 생각해보며 나쁜 의도가 아니었음

을 생각하게 되는 등 선생님을 닮아가더라고요. 그런 의미에서 저는 선생님이 되고 싶어요. 응원해주실 거죠?

지난 1년간 제 정신적 지주가 되어주시고 응원해주셔서 감사해요. 선생님 덕분에 꿈도 찾고, 저에 대해 조금은 알게 된 것 같아요. 선생님께서 말씀하신 것처럼 저에 대하여 이해하기 시작하니까 마음에 여유도 생기고, 제 스스로 만든 감옥에서 벗어날 수 있었어요.

다시 한 번, 감사했어요. 이 마음 표현할 수 있게 1년 무사히 마치게 해주셔서 감사합니다.

그리고 커피 많이 드시는 것 같아 레몬청 준비했는데, 거절은 거절합니다.

참고로 '김영란법' 때문에, 종업식 끝나고 받아주세요.

2020년 2월 11일 화요일

최승호 올림

눈물이 핑 돌았다. 어릴 때 심각한 가정 폭력으로 엄마랑 누나랑 셋이만 살면서 마음을 꽁꽁 닫아걸고 살았던 아이. 자신의 마음을 잘 내보이지 않으려고 줄창 생글거리고 웃는 것으로 방어 기제를 삼던 아이. 정부가 주는 수당에 기대 세 식구가 지내야 하는 탓에 읽고 싶은 책을 사는 것도, 변변한 학원에 등록하는 것도 어려웠던 아이. 힘든 시간을 보내는 승호에게 조금이나마 도움이 될까 해서 기업에서 제공하는 장학금도 신청해 받게 하고, 수시로 면담을 하며 무사히 고

2의 격변기를 넘길 수 있도록 도왔었다. 그 1년을 건너 그 아이의 내면에서 일어났을 변화를 편지를 통해 가늠해보면서 가슴 한켠이 찌릿해왔다.

꾹꾹 눌러쓴 손편지 속에 담긴 감사하다는 말과 꿈을 찾아 교사가 되겠다는 이야기, 그리고 함께 들고온 레몬청과 펭수 스티커. 팔불출 선생은 기어이 눈물을 쏟고 만다.

아이의 꿈이 고마운 엄마

짧은 봄 방학이 지나고 새 학기가 되었다. 승호는 다른 반이 되었다. 어느 날, 수업 마치고 교무실에 돌아오니 책상 밑에 작은 호두과자 한 상자가 곱게 접은 쪽지와 함께 놓여 있다.

선생님, 안녕하세요.

벌써 한 해를 보내고 승호가 고 3이 되었습니다. 항상 사는 데 바빠 선생님께 감사한 마음을 전하지 못했습니다. 죄송합니다.

승호가 늘 꿈이 없다고 했는데, 2월 초에 "엄마, 나 꿈이 생겼어요" 하길래 뭐가 하고 싶으냐고 물었더니, 조윤희 선생님처럼 교사가 되어 자기 같은 학생들을 보듬고 친구 같은 따뜻한 선생님이 되고 싶다고 말하더라구요.

선생님, 전 너무 감사하고 기뻤습니다.

호두과자 가게에서 일하는 어머니가 손수 만들어 보낸 호두과자

항상 감사드리고, 기도하겠습니다.

꿈을 찾아가는 아들의 모습을 보며 감사와 기쁨에 감격하는 승호 어머니의 쪽지에 가슴 가슴이 뭉클했다. 승호도 문자를 남겼다.

선생님, 어머니께서 작년과 금년에 장학금을 받을 수 있게 노력해주셔서 감사하다는 말씀과 함께, 호두과자를 선생님께 전해드리라고 하셨습니다. 직접 전해드리고 싶었지만 다른 분들이 혹시 오해할까 봐 몰래 두고 왔습니다.

선생님, 그 호두과자는 어머니가 일하시는 가게에서 어머니가 직접 구워서

파는 것입니다. 어머니께서 감사하다는 말씀 꼭 전해드리라고 하셨습니다. 감사합니다.

모자가 따로 또 같이 전하는 감사를 받으며, 당연히 할 일을 하고서 이렇게까지 인사를 받아도 되나 싶은 생각에 나 또한 감사의 답신을 보낸다.

승호 어머님,

교사의 가장 큰 보람은 아이가 잘 성장하고 성숙해지는 걸 바라볼 때일 것입니다. 승호가 차츰 안정을 찾고 미소가 편안해져가는 걸 보면서 하나님께 감사했습니다.

저도 아이를 키웁니다. 엄마 마음이야 다들 똑같겠죠.

저도 역시 3학년을 담당하니 승호 잘 지켜보겠습니다. 언제든 하고 싶은 이야기가 있을 때 편히 오라고 이야기했으니 염려 마시고요.

승호는 제게도 역시 훈장 같은 아이입니다. 꿈을 심고 잘 키울 수 있도록 돕겠습니다. 안녕히 계세요.

이렇게 한 아이의 성장을 지켜보며 박수쳐주고 한 해 한 해를 채워간다. 해마다 수많은 학생들을 만나면서 그 아이들이 저마다의 꿈을 찾아가도록 돕고, 함께 울고 웃으며 그 과정을 지켜보는 멋진 직업이 교사이다.

한 번도 겪어보지 못한 괴질로 흉흉한 계절이다. 교실을 잘 지키고 학생들을 잘 지키며 바쁘게 지내노라면, 이 또한 지나가리라.

대면 교육의 소중함

2020년 상반기의 학교는 전대미문, 초유의 사태, 그야말로 '한 번도 겪어보지 못한' 지옥의 터널을 통과하는 중이다.

애초 2월 4일로 예정되었던 겨울 방학 개학과 이어질 3월 새 학년 개학이 네 차례나 늦춰진 끝에, 4월에 '온라인 개학'을 먼저 하고 말았다. 6월 들어 3학년부터 순차적으로 등교 수업도 시작됐지만, 코로나 19 확진자라도 나오면 언제든 다시 원격 수업으로 전환해야 할 판이다.

연초만 해도 코로나 19 감염병 사태가 곧 진정될 것이라는 막연한 기대로 개학만 순차적으로 늦춰왔을 뿐이어서, 진지하게 온라인 수업에 대비한 학교나 교사는 거의 없었을 것이다. 마침내 온라인 개학이 결정되고 학교들이 이를 실행하기까지 주어진 준비 기간을 단 9일이었다. 가장 당황스러웠을 것은 당연히 교사와 학생들이다. 특히나 우리 같은 고 3 반은 입시 진도는 물론이고 진학을 위한 대면 상담까지 소화해야 하기에 당혹감이 이루 말할 수 없었다.

그래도 학교가 필요한 이유

일찍부터 온라인 개학에 들어간 대학들은 6월에 벌써 1학기가 끝났고, 학생들 사이에서는 1학기 등록금 반환 요구가 빗발치는 모양이다. 고등학교 이하도 개학이 늦춰지며 교사들이 재택근무를 하는 동안 세상의 시선이 곱지 않았다. 수업도 없고 출근도 하지 않고 집에서 '놀면서' 왜 월급을 받아 가느냐는 얘기다. 거기에다 "차라리 기존에 잘 만들어진 영상 자료를 수업에 활용하자"는 여론이 교사 무용론, 학교 무용론을 부채질했다.

공교육이 사교육과 결정적으로 다른 점 하나는, 학교는 단순히 실용적 지식과 기술만을 전수하는 장이 아니라는 것이다. 전인(全人) 교육인 학교 교육은 전통적으로 '학교와 교실'이라는 오프라인 공간 안에서 교사와 학생이, 또 학생끼리 얼굴 맞대고, 손 잡고, 함께 울고 웃고 땀 흘리며 하는 활동에 최적화되도록 설계되었다. '인강'이나 AI 교사가 하는 수업은 학교 교육에서는 어디까지나 예외적이고 보조적 수단인 것이다. 다만, 세계화와 4차 산업혁명의 시대에 맞춰 중장기적 안목으로 비대면 교육을 상당 부분 도입할 준비는 진작에 시작했어야 한다. 그 대비가 제대로 되지 않은 상태에서 팬데믹으로 인해 원하지도 계획하지도 않은 온라인 개학으로 내몰린 것이 2020년의 학교다.

다행히, 다양한 온라인 학습 서비스를 제공하는 교육 플랫폼들이 이미 있다. 학습 자료를 제공하는 '에듀넷', 교사들이 온라인 교실을 조직해 학생을 관리할 수 있는 '학교온', 교사가 학급을 개설해 자료를 공유하고 과제를 내고 받을 수 있게 하는 '위두랑', 중고교에 최적화된 'e-학습터', EBS 방송을 활용한 온라인 강좌, KERIS 기반의 디지털 교과서 같은 것들이다. 사(私)부문에도 구글 클래스의 'G스위트', 마이크로소프트의 '팀즈', 그리고 단숨에 언택트(untact) 시대의 총아로 떠오른 '줌(ZOOM)'이 있다. 여기에 학교별로 구축된 온라인 스쿨까지 치면 원격 수업을 위한 플랫폼이 족히 여남은 가지는 된다. 학교 밖으로 눈을 돌리면 EBS 외에도 사이버 대학이나 각종 사교육 기관의 인터넷 강좌처럼 온라인 수업으로 특화되어 있는 모델과 소스가 넘쳐난다.

그런데도 2020년의 사상 첫 온라인 개학은 비대면 원격 방식에 전혀 특화되어 있지 않은 교사들이 손수 카메라를 준비하고 영상을 제작하는 것부터 시작하도록 했다. 어차피 온라인 수업인데도 반드시 '학교에서, 실시간으로' 하게 해 웹캠과 마이크, 태블릿 펜 등 장비를 새로 마련하느라 분주했는데, 사실 수업을 시작하는 데는 노트북에 내장된 카메라와 휴대폰에 딸린 마이크 겸용 이어폰 정도면 줌 기반 실시간 수업에 지장이 없었다. 초기에는 EBS 접속이 폭주하면서 트래픽에 과부하가 걸리는 일도 많았다.

교육 당국은 최소한의 가이드라인을 제시하고 교통정리를 해주는 선에서 그치고 나머지는 개별 학교의 자율적 선택에 맡겼으면 차라리 어땠을지? 학년별, 지역별, 학교별, 학생 집단별 특성은 개별 학교

ZOOM을 통해 학생들과 소통하는 모습. 초유의 '온라인 개학'은 '언택트'의 새로운 가능성과 함께, 대면 교육을 통해서만 할 수 있는 것들의 소중함을 일깨워주었다.

의 교사가 가장 잘 알고 있기 때문이다. 그리고 중요한 것, 어느 학교에도 오타쿠 한두 명은 있을 테니까.

교실이라는 닫혀 있는 공간에서 실시간으로 하는 수업과 달리, 온라인 수업은 '줌' 같은 프로그램을 이용한 실시간 쌍방향 소통 수업도 가능하고, 교사가 일방적으로 녹화한 뒤 업로드할 수도 있다. 우리 온라인·원격 수업은 실시간이 원칙이지만, 실시간으로 듣기 어려운 사정이 생긴 학생들을 배려해 사후 배포도 가능한 것은 온라인 수업만의 강점이다.

초등학교 저학년 같은 경우, 수업 플랫폼과 프로그램 접근을 위해 부모나 어른들이 옆에서 지원하는 게 불가피하다보니 본의 아니게 학부모 공개 수업처럼 되기도 한다. 중고등학생들도 담임이나 과목 교사를 품평하기 위해 학부모들이 함께하는 경우가 적지 않은 것으로 알고 있다. 물론 학부모가 자녀의 수업에 관심 갖는 것을 나무랄 수 없고, 잡담이나 부적절하거나 정치적으로 편향된 발언을 하는 교사를 경계하는 효과도 있다. 울산 모 초등학교의 '팬티 부끄부끄' 사건이 바로 이렇게 해서 세상에 알려지게 됐다.

그러나 고학년으로 올라갈수록 부모의 참여가 교사의 수업 자율권·독립성을 침해한다는 부정적 측면이 커진다는 것은 부정할 수 없다. 이전에도 교실 수업에서 학생이 몰래 녹화한 수업 내용이 사회적 문제로 비화하는 경우가 심심치 않게 있었는데, 이제 그런 일이 더욱 빈발할 것 같다. 양날의 칼 같은 '사실상 공개 수업'이라는 부담을 안고 교사들은 온라인 개학에 들어갔다.

온라인 수업은 '콘텐츠'보다 '로그온'

개학이 미뤄지며 장기화되는 수업 공백 속에 몇 차례 시뮬레이션으로 '랜선 교실'을 열어 새로 담임 맡은 학생들을 만나보았다. 아직 온라인에 익숙하지 않은 담임선생님이 자주 버벅대고 매끄럽지 못한 진행을 보여도, 여전히 신뢰를 바탕으로 한 교사와 학생 간의 '연결'은 대면 수업이건 랜선 교실이건 마찬가지라는 걸 재확인했다.

'그래, 방법이 무엇이든 선생님은 언제나 너희와 함께 있단다.'

영상으로나마 하나하나 얼굴을 보며 간곡하게 당부하고 독려하는

나는야 열여덟 아이의 엄마. 팬데믹 와중에도 졸업 앨범 사진은 찍었고, 아이들 기 살려주려고 교실 뒤를 대형 사진 패널 두 개로 도배해 주었다.

교사의 마음도, 어서 학교에 나와 선생님과 친구들과 함께하고 싶은 아이들의 마음도 랜선을 타고 오가는 걸 느낄 수 있었다.

이처럼 '언택트 시대'에도 변치 않는 소중한 것이 있다는 것을 가르쳐준 동시에, 여전히 대면 교육을 통해서만 할 수 있는 것들에 대한 아쉬움을 일깨워준 사상 초유의 온라인 개학이었다.

"아 참, 얘들아! 아무리 좋은 선생님이 아무리 명강의를 해도 수업에 출석하지 않으면 소용없듯이, '일타' 인강도 로그온 안 하면 말짱 도루묵이란다~"

얼마나 오래 지속될지 모를 언택트 교실의 시대, 어떻게든 학생들을 로그온 시키고 집중하도록 이끌고 독려하고 관리할 것인가 — 바야흐로 '코끼리를 냉장고에 넣기' 미션이 학교와 교사들 앞에 놓여 있다. 해야만 한다면 우리 교사들은 어떻게든 해내고 말 것이다. 냉장고를 코끼리에게 먹이고 뒤집는 한이 있더라도.

또 하나의 미션, 평가. 그 난리통 속에 교사는 실시간 온라인 수업을 진행하면서 평가를 병행해야 했다. 사실인즉 실행 불가능한 과업이다. 대면 수업에서도 딴짓하는 학생들이 있는데, 컴퓨터 모니터 한가득 아이들 얼굴을 띄우고 실시간으로 음성과 채팅이 난무하는 가운데 학업 태도와 성취도를 평가하고 내신 성적에 반영하라고! 결국은 감염병이 어느 정도 통제 가능한 시점까지 기다려 일제 고사든 뭐든 오프라인 평가를 시행하는 것 말고는 공정성을 담보할 길이 없다.

제2부

사회과 교사입니다

휴대폰을 걷지 않습니다

새 학기. 설렘 반, 부담 반의 시작이다.

작년에는 오랜만에 담임을 맡지 않고 교과 수업만 하다가, 새 학기부터 다시 2학년 담임을 맡게 되었다. 아이들은 신입생 태를 벗고 나름대로 터득한 요령으로 학교생활을 즐기기 시작한 터였다.

'이 학생들에게 무엇을 가르쳐야 할까?'

언제나 그렇듯 생각이 많아지지만, 역시 언제나 그렇듯 고민 끝의 결론은

'기본부터 가르치자.'

'최애 아이템'으로 자유와 책임을

학교에서 휴대폰은 뜨거운 감자다. 걷자니 부담스럽고, 안 걷자니 수업에도 방해가 되지만 아이들을 유혹에 방치하는 것도 된다. 대부분 학교가 그렇겠지만 우리 학교도 어쩔 수 없이 학생들은 등교하자마

자 휴대폰을 제출하도록 되어 있다.

휴대폰은 아이들의 '최애(最愛) 아이템'이다. 휴대폰을 손에서 놓으면 큰일 나는 줄 안다. 중독에 가까운 증상을 보이는 아이들도 있다. 게다가 휴대폰 사용하는 것을 자유라고 생각한다. 그런 아이들에게, '자유'를 지키기 위해서는 반드시 '책임'이 따라야 함을 어떻게 하면 깨닫게 해줄 수 있을까?

'가장 소중한 물건을 통해 가장 중요한 가치를 배우게 하자.'

학교 방침은 어디까지나 '등교 시 휴대폰 일제 수거'다. 하지만 담임의 학급 경영 방침인 '자유와 자율 정신 함양'이라는 매우 소중하고도 중요한 목표를 위해 교칙을 잠깐 어겨보기로 작정한다.

우리 학교는 새 학년 개학 전 봄 방학부터 자습 등교를 시작한다. 새로운 반에서 자습을 시작하는 첫날. 다른 반은 휴대폰을 걷었지만 우리 반은 아무 말도 없이 걷지 않았다. 아이들은 담임선생님이 까먹었나 보다 하면서 덩달아 '쉬, 쉬!' 입 밖에도 내지 않으려는 눈치다. 그렇게 하루가 갔다.

둘째 날 조례 시간에 비로소 말문을 열었다.

"휴대폰 안 걷으니까 좋던가요?"

"헉! 예에에! 선생님이 잊어버리신 줄 알았어요."

"선생님이 잊어버려서 걷지 않은 게 아니에요. 학칙에는 반드시 걷게 되어 있는 걸 다들 잘 알 거예요. 하지만 나는 여러분이 강제로 뺏기면서 '자율'을 배우기는 어렵다고 생각해서, 여러분에게 기회를 주

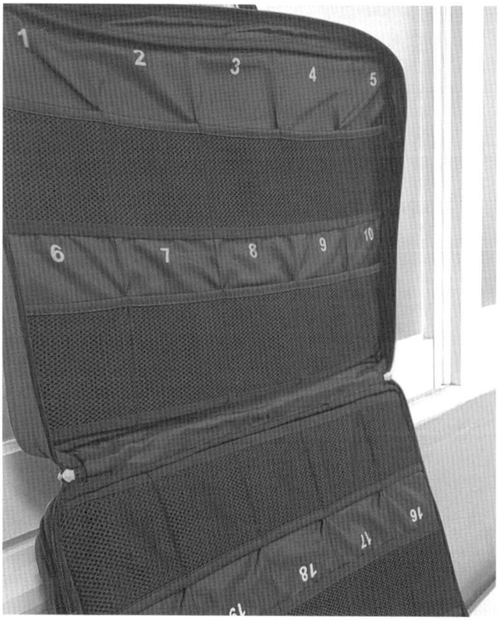

텅 빈 휴대폰 수거함

려고 하는 거예요."

갑자기 뭔가 "툭!" 끊어지는 듯한 해방이 아이들은 믿기지 않는 표정이었다. 선뜻 좋아하지도 못하고 어정쩡하게 그다음 말을 기다리고 있었다.

"여러분에게 휴대폰이 어떤 존재인지 잘 알아요. 하지만, 왜 학교에선 강제로 거둬갈까요?"

"저희가 절제하지 못해서요! 수업 시간이나 공부해야 할 자습 시간에도 몰래 가지고 놀아서요."

소견은 멀쩡한 녀석들이군. 가지고 놀고 싶은 강렬한 욕망만큼이나, 체념해야 할 이유도 분명했다.

제재만 없다면 휴대폰은 당연히 편리하다. 쉬는 시간에 음악도 들을 수 있고, 스케줄 확인도 할 수 있고, 셀카도 찍을 수 있고, 일일이 손으로 적는 대신 캡처해도 되고, 동영상도 볼 수도, 검색도 할 수 있고, 간혹 게임도 할 수 있으니까. 휴대폰은 다른 세계로 늘 열려 있는 출구 같은 것이고, 친구와도 다름이 없다. 그런 편리한 친구를 학교에 오면 빼앗긴다. 담임선생님이 그 편리함을 빼앗아가지 않겠다는 선언을 했다!

예기치 않은 호의에 아이들은 멍한 가운데 진짜 그렇게만 된다면 정말 좋겠다는 표정이 스쳐갔다.

"대신, 여러분이 약속을 지켜야 합니다. 학교에서 왜 휴대폰을 일제히 걷는지 여러분이 잘 알고 있습니다. 그렇다면 이제부터 우리 반은 휴대폰을 걷지 않는 대신, 여러분이 휴대폰을 각자 손에 쥐고서 학교 대신 스스로 통제해야 합니다. 학교에서 걷을 때보다 더 어려운 시험을 치르게 되는 겁니다. 선생님도 어려운 시험을 함께 치르는 거지요. 선생님만 잘난 척하며 학생들을 유혹에 내몬 책임을 져야 할지도 몰라요. 하지만 난 강제로 빼앗으면서 '자유와 자율'을 가르칠 수는 없다고 생각하기 때문에, 우리 반 여러분을 믿고 싶은 거고요. 그러니 이제부터 다음 사항을 다같이 지켜주세요. 자신 없으면 미리 말하고."

△수업 시간과 자율 학습 시간엔 반드시 전원을 끄고 가방 속이나 사물함에

넣어둔다.

△수업 시간과 자율 학습 시간에만 스스로 잘 통제하면 점심·저녁 시간에는 사용할 수 있다. 음악도 듣고 영상도 보고, 게임도 가능하다.

△단 한 명, 단 한 번이라도 수업 시간에 몰래 사용하다가 걸리면 그날로 우리 학급 전체의 자유는 끝이다.

△운 좋게 걸리지 않았다고 해도, 선생님의 눈에 띄지 않았을 뿐이지 다른 친구 중 누군가는 볼 수 있고, 누구보다 자신이 알고 있으므로 자율을 어긴 것이다. 눈속임이나 거짓이 끼어들면 우리 학급 전체의 자유는 끝이고, 추가로 벌칙이 따른다.

낮은 목소리로 또박또박 힘주어 이야기했다. 담임의 학급 경영 방침이 '자유와 책임'인 만큼, 다른 반에는 없는 자유를 우리 반만 누리되, 책임을 같이 부과한다는 것. 그러니 책임을 다해서 자유를 지키자는 것. 아이들도 덩달아 진지해졌다. 뭔가 중요한 일의 참여자가 되는 듯한 결연함도 느껴졌다.

마지막으로 한 번 더 다짐을 받는다.

"자유가 소중하면 소중한 만큼 책임지고 지켜내야 해요. 결코 만만한 것 아닙니다. 책임지기가 싫으면 지금이라도 얘기하세요, 내일부터 다른 반이랑 똑같이 휴대폰 걷게."

"아니에요! 해볼래요!"

"좋아요. 일 년 동안 여러분 모두가 자신과의 약속을 성실히 지킨다면, 스스로에 대한 대견함과 당당함과 뿌듯함을 상으로 돌려받게 될 겁니다."

아직 1학기 개학도 하지 않은 그날부터 우리 반은 종례 시간마다 "오늘 하루 여러분의 휴대폰은 안녕하신가?" 하고 묻는 것이 인사가 됐다. 힘차게 대답하는 아이들의 표정이 밝다.

하루 이틀…… 열흘…… 한 달…… 아이들은 오늘도 자유를 실습 중이다.

42일째, 자유의 종언

'퍼렇게 날 선 칼을 어린 아이들 손에 쥐여주는 것은 아닐까?'

한 달 넘도록 아무 일 없이 잘 넘어가준 데 안도하면서도 내심은 살얼음판을 딛는 것 같았다. 아닌 게 아니라 주위 많은 선생님들도 하나같이 "절대 성공할 수 없을 것"이라고 장담했다. 그러나 아이들을 믿고 싶었다.

42일째 종례 시간.

"오늘 하루 여러분의 휴대폰은 안녕하신가?"

"……."

어라? 직감이 왔다. 누군가 걸렸구나!

"혹시 누군가 폰을 수업 시간에 꺼내 들고 있다가 걸린 사람이 있었나?"

"…… 예."

"뭐라? 약속은 잊지 않았겠지? 약속을 지키지 못했으면 책임져야 한다."

누군지 굳이 묻지 않았다. 물을 것도 없었다. 땅이라도 파고 들어가버릴 듯 고개를 떨구고 있는 저기 저 녀석이구나. 이 말 저 말 조합해보니, 오늘이 아니고 어제 수업 시간에 폰을 꺼냈다가 과목 선생님께 들킨 것이었다. 아이들은 자유를 박탈당할 게 두려웠는지 담임을 실망시킨 게 미안했는지, 이실직고하지 못하고 하루를 넘겼다.

"단 한 명이라도, 단 한 번이라도 예외가 없다고 했지? 소중한 것을 누릴 '자유'가 너희에게 정말로 소중했다면, '책임'이라는 대가가 반드시 필요했다. 너희가 스스로 한 약속을 지켜내지 못했기 때문에, 약속대로 내일부턴 더 이상 자유는 없다."

아이들은 몹시 아쉬워했다. 설마 한번쯤 기회를 다시 주시지 않을까 하는 막연한 기대를 하는 듯도 했다. 하지만 단호하게 잘랐다. 세상에는 단 한 번밖에 없는 기회도 있다는 것을 깨닫게 해줘야 했기 때문이다.

'자유 실습'은 그렇게 42일 만에 막을 내렸다. 책임을 다해 자유의 달콤함을 즐기는 17명이 있었으나, 방종을 자유라고 착각한 1명 탓이었다. 아이들은 휴대폰을 소지할 자유를 반납했지만, 동시에 태산처럼 무거운 책임을 내려놓았다. "그동안 다른 반에 비해 특혜를 누린 것만도 어디냐"고 하는 아이들도 있었고, 자신들에게 신뢰를 보여준

선생님이 있었다는 사실에 나름 만족스러워 하는 아이들도 있었다. 자신들이 친구에게 충고하고 독려해 자유를 좀 더 오래 함께 누리지 못한 걸 아쉬워하는 아이들도.

그렇게 아이들은 소중한 것을 지키기 위해선 순간의 즐거움을 반납하고 때로는 불편과 희생도 감수하는 절제와 인내가 필요하다는 것을 배웠다. 그리고 무엇보다, 자유는 책임을 다하느냐 아니냐에 따라 지킬 수도 빼앗길 수도 있다는 걸 몸으로 느꼈다. 지금 '자유의 종언'은 잠깐이고 사소할 테지만, 오늘 절감한 자유의 소중함은 교실을 벗어나서도 오랜 세월 잊히지 않을 것이다. '자유는 공짜가 아니다(Freedom is not free)'라는 어린 시절 급훈과 함께.

〈1987〉 말고 〈1984〉

진도는 다 끝났다. 종업식까지 두 주 남짓 남은 시점. 문제를 풀어보자고 해도, 지난 단원들을 복습하자고 해도, 개학 그날부터 '방학까지 ○○일'이라며 날짜를 카운트다운해온 아이들의 '교실 떠난 영혼'은 돌아올 줄 모른다.

고 3들의 방황은 더하다. 여름부터 수시, 마지막 내신 시험, 학생부 마감, 수능 시험까지 차례로 다 치르고 난 이맘때가 되면 더 이상 수업 같은 수업은 불가능하다. 궁여지책으로 시도하곤 하는 것이 교과서와 연결 고리를 찾아 하는 시청각 교육이다. EBS의 'e-지식채널'을 비롯한 온갖 영상물이 이 시절에 교실에 풀린다.

독이 되는 영상, 약이 되는 영상

EBS 영상물이 교실에 소개된 지는 꽤 오래되었다. 간혹 영상물을 이용하는 게 효과적이기도 하다. 어려서부터 뮤직 비디오와 유튜브에 익숙한 요즘 아이들은 확실히 텍스트보다 영상에 더 빠르게 반응한다. 영상을 보여주고 말이나 글로 소감을 표현하게 하거나 토론을 시켜보면 교사가 설명하는 것보다 효과적일 때가 많다.

문제는, 독이 되는 자료와 약이 되는 자료를 구분하는 일이다.

오늘 수업 시간에는 영화를 보여주기로 마음먹었다. 영상을 본 후 토론으로 유도하려고 활동지도 미리 만들어뒀다. 슬쩍 미끼부터 던져본다.

“오늘은 〈1984〉를 볼까?

“하하하, 샘, 일구팔사 아니고 일구팔칠이에요, 일구팔칠.”

“워~ 워~. 〈1987〉 따위는 안 봐. 〈1984〉라구!”

‘따위’라니, 뜨악한 표정이 된 아이들에게, 일구팔칠로 말하자면 이 선생님이야말로 그 1987년에 거리로 나간 ‘87 세대’라고 말해주고, 그것이 민주화라는 미명으로 우리 사회를 얼마나 엉망으로 만들었는지 일장 연설부터 했다.

〈1984〉라는 제목의 영화는 여러 편이 있다. 조지 오웰의 동명 소설(1949)을 원작으로 한 것들이다. 오늘 볼 것은 1984년 만들어진 영국 영화다.

“영화 속엔 가상의 나라가 나오고, 그 나라엔 어마무시한 텔레스크린이 있어. 그 나라는 어딜 가나 텔레스크린이 나를 감시하는 나라야. 전에 '정보화 사회' 단원 때 푸코(Michel Foucault)의 '팬옵티콘(panopticon)' 배웠지? 그런 팬옵티콘이나 이 영화의 텔레스크린을 지금 같으면 뭐에 견줄 만할까? 그렇지 그래, CCTV! 영화 틀면 첫 화면에 문장이 하나 나올 텐데, 영화 끝날 때까지 그걸 외우고 있는 사람한텐 나중에 사탕 한 개, 오케이? 영화 속에 나오는 남자 주인공은 연애도 못 하고 진실을 말할 수도 없어. 끊임없이 과거는 날조되고 개인적인 연애사도 감시당하거든. 역사를 변조하는 곳은 '진리국(局)'이고, 사랑을 감시하고 억제하는 부서는 '애정국'이야. 자, 스포일러 그만하고, 영화 보자!"

수업 시간에 배운 거랑 연결된다니 김새 하는 표정이던 아이들도 막상 영화가 시작되자 자연스럽게 몰입해 들어갔다. 영화 다 보고, 활동지를 작성하고 소감을 이야기하고, 자유 토의가 이어졌다. 교수 학습 목표는 자연스럽게 달성되었다.

'전체주의적 권력은 어떻게 인간의 자유와 사생활을 억압하며 사고와 기록을 지배하는지 이해하고 설명할 수 있다.'

감동적인 만큼 선동적인

EBS 영상물 중엔 가끔은 현장 교사로서 당황스러운 콘텐츠도 들어 있다. 대형 할인 마트에서 시간제 아르바이트 해서 번 돈으로 어렵지만 화목하게 살아가는 우리 동네 아줌마 이야기. 아르바이트 2년을 채우면 정규직으로 채용해야 하기에 마트는 2년이 되기 전에 비정규직 직원을 내보내야 한다. 아주 야비하게 생긴 사주는 아줌마를 매정하게 해고하고, 행동대원들을 동원해 구타까지 한다. 우리나라 영화 〈카트〉(2014) 얘기다.

'거대기업 대 노동자'라는 대결 구도만큼 영화를 감동적이고 선동적으로 만들 수 있는 소재가 있을까? 이맘때의 고 3 교실엔 이런 자극적이고 감성적인 영화들이 떠다니기 일쑤다.

〈또 하나의 약속〉(2013)에서, 거대한 공룡 같은 기업 앞에 나약하기만 한 한 개인의 처절함에 보는 이들은 절망을 넘어 분노를 느낀다.

다큐멘터리 영화 〈탐욕의 제국〉(2012)은 우리나라 영화인데 'The Empire of Shame(수치의 제국)'이라고 영어를 부기했다. 노동자의 가치를 우습게 알며 온갖 산업 재해로 내모는 우리나라 기업의 '탐욕'은 이 우리나라의 '수치'라는 듯이.

웹툰으로 먼저 성공한 뒤 드라마로 각색된 〈송곳〉(2015)도 비정규직 해고 노동자 얘기다. 이런 영상물들엔 하나같이 '평범'하다못해 '미미'한 '약자'들이 등장해, 지극히 인간적이고 당연한 권리를 주장했다는 이유만으로 짓밟히고 고통받고 무너진다. 그것을 보는 '보통' 사람들의 가슴엔 공감대를 넘어 공분과 전의가 싹튼다.

영화나 드라마에 그려진 모습이 생판 거짓만은 아닐 것이다. 그러나 이 영화들이 결코 말해 주지 않는 또 다른 진실이 있다. 우리의 노동 문제가 과거 '전태일을 분신으로 몰고 간'(그조차 다른 견해가 있지만)

현장과는 판이하게 변모하고 진화해왔으며, 우리의 수출 산업 공단들은 과거 '공순이·공돌이'들이 모여 있던 그 시절 공단이 아니라는 것. 그래서 그때의 문제는 오늘의 문제가 더 이상 아니라는 것, 앞으로 노동 문제는 그때와는 다른 방향으로 나아가야 한다는 것을 아무도 말해주지 않는다. 저 치열한 생존 투쟁의 이면에는 사실 거대 기업보다 더 악랄한 거대 공룡 '귀족 노조'가 도사리고 있음을, 그래서 이것이 우리 사회 노동 문제의 새로운 축이라는 사실도 마찬가지다.

산업 재해로 고통당하는 이웃을 외면하는 기업이 있고, 이들에게 형사·민사상 책임을 지워야 하는 것은 사실이다. 그러나 근로자의 모든 고통의 원죄가 전적으로 기업에 있으니 대기업을 모두 박멸하고 노동자 천국을 만들어야 한다는 식으로 몰아가는 영상물들이 '한국교육방송공사 EBS' 꼬리표를 달고 이맘때의 교실을 맹폭격하게 내버려 두는 게 옳은가?

떠날 자 떠나고 남는 자 남고, 온갖 것 정리하느라 모두가 분주하고 정신없이 바쁜 학년말이다. 우리 아이들이 〈카트〉 〈송곳〉 〈또 하나의 약속〉 〈탐욕의 제국〉을 보며 가슴이 뜨거워지는 걸 속수무책 보고 있을 수밖에 없는 우리 교사들은 가슴이 타들어간다.

북한 인권 없는 인권 교육

1학년 통합사회에 '인권' 단원이 있다.

"인권이 뭐죠?"

"인간답게 살 권리요!"

0.1초만에 답이 돌아왔다. 맞는 이야기다.

"…… 너희들의 인권은 지켜지고 있나?"

"네에에~!"

자신들이 누리고 있는 자유와 권리에 대해 별반 의심하지 않는 모습이다.

교과서를 본다. '세계의 다양한 인권 문제'라는 단락에서 "독재 국가에서의 인권 유린 문제, 전쟁과 내전으로 인한 난민·기아 문제, 사회적 관습이나 종교적 이유로 발생하는 성차별 문제 등이 있다"고 소개한다. 특별히 '사회적 소수자의 인권 보장'이라는 단락에서는 "여성, 장애인, 이주 외국인, 북한 이탈 주민, 비정규직 근로자 등"에 대한 차별도 언급한다. '독재 국가의 인권 유린'과 '북한 이탈 주민'을 이야

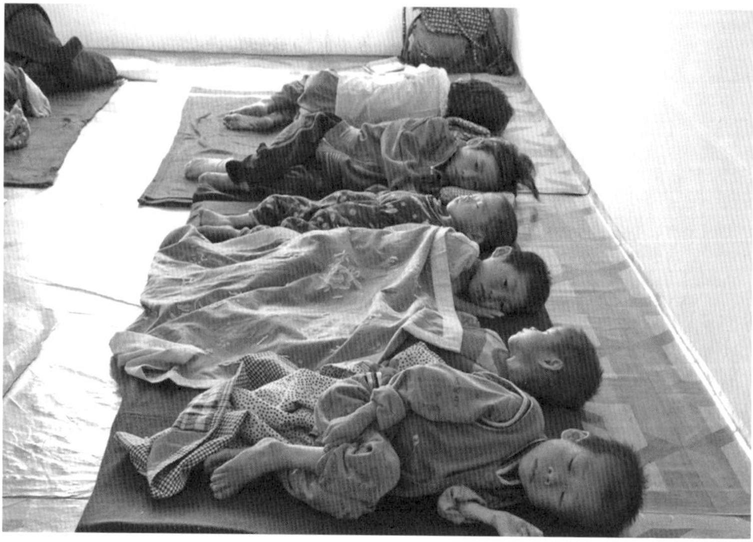

영양실조에 걸린 북한 어린이들

기하면서, 꼭 찍어 '북한 주민 인권 문제'는 없다.

그러나 다른 나라 아닌 대한민국에서 '인권'을 이야기하면서 북한 주민 인권을 건너뛸 수는 없는 일.

"교과서에는 안 나오지만, 북한에 살고 있는 주민들의 인권은 어떤 상황일까요?"

"사람 사는 데는 다 비슷하지 않을까요, 선생님?"

평창 동계 올림픽과 아시안 게임 남북 단일팀, 이어진 남북 정상회담과 우리 아이돌 그룹의 북한 공연 소식 들을 TV에서 본 기억이 아직도 생생할 때였다. 그런 드러난 모습들이 북한의 실태라고 여길

만도 했다.

"…… 일단 영상 몇 개 봅시다."

첫 번째는 통일연구원(KINU)에서 나온 자료들이다. 모자 보건 상태가 열악하고, 먹지 못해 빈혈에 걸린 유아들이 거의 절반이며 유아 사망률도 우리의 거의 여덟 배에 육박하는 것이 북한의 여성과 아동 인권의 현주소다.

인권 하면 우리 교실 학생들에게도 아쉬운 게 딱 하나 있으니, 바로 자율 학습을 마음대로 '선택할 자유'다. 자유가 없다는 것이 어떤 것인지 좀 더 현실감 있게 일깨우기 위해 오토 웜비어 동영상으로 넘어간다. 스물한 살 나이에 멀쩡하게 제 발로 북한에 여행 갔다가 억류되어 17개월 만에 풀려났으나, 고문 등으로 식물인간이나 다름 없는 몸이 되어 돌아와 엿새 만에 숨진 미국 청년 이야기. 북한에서 촬영한 "살려줘요!"라고 절규하는 대목에서는 아이들은 가슴이 먹먹해져 조용히 바라만 보고 있다.

"단일 팀 꾸려서 한반도 깃발 흔들고 환호하는 모습이 북한의 전부는 아니지요. 자유롭게 여행할 수 없는 나라, 자유롭게 행동하려면 목숨을 걸어야 하는 나라에 우리가 누리는 것 같은 인권이 으레 있을 거라고 상상하는 건 위험할 수 있어요."

마지막, '치킨 게임'에 몰린, 중국의 북한 식당에 근무하다 집단 귀순한 직원들 이야기다.

"우리나라 국가인권위원회가, 그 사람들이 스스로의 결정으로 대한민국으로 들어오기로 했는지, 남의 강압이나 회유가 있었는지 밝히라고 했어요. 스스로 도망쳤다고 말하면 북한에 남아 있는 가족들이 해를 입을 거고, 납치됐다고 말하면 북으로 송환돼서 역시 처벌을 받겠지요?"

"그럼 어떻게 해요, 선생님?"

"국가인권위원회의 '그 방식'으론 안 되는 거지요. 인권 침해만 일어날 뿐이에요. 이미 탈북을 결심하고 오는 사람들은 목숨을 걸고 오는 겁니다. 그 사람들을 두 번 죽여서야 국가 '인권' 위원회라고 할 수 있나요? 저 사람들은 신체라도 건강하니 상황이 차라리 나은 편이에요. 어린 나이에 '꽃제비'가 돼서, 암시장에서 음식과 바꾸려고 열차에서 석탄을 훔치려다 영양실조로 힘이 없어 굴러떨어져서 열차에 치여 한쪽 팔과 다리를 잃은 사람도 있어요."

그 북한에 오래전부터 '장마당'이 생겨나고 인권 의식이 생겨나고 있다. 이럴 때 대한민국이 어떻게든 북한의 실상을 내외에 알려 그들을 도울 장치와 방법을 강구해야 하는데, 북한 인권과 관련한 정부 예산이 되레 대폭 삭감된다는 소식이다. 통일부가 만든 북한인권재단은 2018년 예산이 108억 원이었는데 2019년 8억 원으로 무려 92.6퍼센트 삭감될 예정이다. 반면 교류 협력 사업을 위해 만든 남북협력기금 예산은 14.3퍼센트 늘려 1조 1,004억 원으로 증액된다고 한다. "한국 정부가 북한 인권 문제에 등을 돌린다"는 쓴소리가 괜히 나오는 게 아니다.

2008년 서울평화상을 받은 '디펜스 포럼' 재단의 수잔 숄티 대표는 "대한민국이 탈북민 인권 운동 분야를 후퇴시키며 북한의 비위만 맞추고 있다"고 비판했다. "스포츠에 남북이 따로 없다"며 한반도기를 들고 만면에 미소를 띠고 입장하는 단일팀과, 보이지 않는 곳에서 기본적 인권조차도 유린당하고 있는 수천만 동포들. 무엇이 더 시급한지, 일말의 양심만 있어도 선후를 가릴 수 있는 일 아닌가. 과연 지금이 '다방면적 교류와 남북 간 철도·도로 연결 및 현대화' 같은 사회문화 교류나 경협 기반 사업에나 힘을 쏟을 때인지?

교과서는 소수자의 인권 침해는 "본인들이 그 침해를 피해라고 인식해야만 인권 문제가 된다"고 설명한다.

"태어날 때부터 억압과 침해가 일상인 줄 알고 살아서 자유를 단 한 번도 경험해보지 못한 사람들이, 인권 침해를 피해라고 인식할 수 있을까요?"

"아니요~"

"북한 주민들 대부분은 인권을 침해당하면서도 침해당하는 줄 모르고 살고 있고, 일부 깨달은 사람들도 스스로의 인권을 위해 싸울 수도 목소리를 낼 수도 없어요. 그런 사람들을 대신해 목소리를 높여야 할 사람들은 누군가요?"

"우리요~!"

작은 교실에서부터 이렇게 '진짜 인권 교육'은 시작되었다.

만약에 경쟁이 없어진다면

1학년 통합사회, '자본주의의 이해' 단원. 자본주의의 문제점으로 '빈부 격차'가 나온다. 빈부 격차가 여러 가지 문제를 일으키고 사회의 통합을 저해한다고 설명하고 있다. "자본의 국제적 이동이 심화되면 빈부 격차가 커지고 시장이 불안해져 경제 위기를 초래할 수 있다는 비판이 제기되기도 한다"는 조심스러운 진단도 달렸다(『고등 통합사회』, 비상교육, 2018, 131쪽).

2학년 사회문화 과목에는 '사회 불평등의 이해'라는 단원이 있다. '사회 계층화 현상'을 대기업·중소기업 간 신입 사원 연봉 격차를 보기로 설명하면서, "이러한 성격의 사회 불평등이 지속한다면 개인과 사회에 어떤 영향을 미칠까?"라는 질문을 던진다(『고등학교 사회문화』, 지학사, 2018, 134쪽). 교사용 지도서는 예시 답안으로 "많은 사람이 대기업에 취직하고자 노력할 것이며 중소기업에 취직한 사람들은 사회적 박탈감을 느낄 수 있다. 사회적으로는 대기업 취직을 위한 경쟁이 심화될 것이고, 동시에 두 범주 간 이질감이 고착화되어 사회 통합이 힘들어질 수도 있다"고 설명한다.

'차이'는 불편하다는 아이들

1학년 학생들에게 물어본다.

"빈부 격차가 뭐지요?"

"잘살고 못살고 그 차이가 큰 거요!"

"그럼, 빈부 격차가 커지면 사회에 문제가 발생할까요?"

학생들은 이구동성으로 문제가 생긴다고 대답한다. "왜 생기느냐"고 물으니 준비된 대답이 나온다. "위화감이 생긴다"는 것이다.

"위화감은 나쁜가요?"

"당연히 나쁘죠."

"왜요?"

"사회를 통합시키지 못하니까요."

"사회는 왜 통합되어야 하죠?"

대답이 없다. '왜 통합이 되어야 하냐니! 선생님은 왜 너무나 당연한 것을 묻는 거지?' 하는 표정이었다.

그럼 모든 사람이 소득이 같아져야 하고, 모든 사람이 같은 생각을 해야 하는지, 과연 소득의 '차이'가 위화감의 원인이 되는지 짚어보기로 한다.

"A는 열심히 공부해서 좋은 성적을 받았고, B는 공부를 게을리해서 나쁜 성적을 받았어요. 두 학생의 성적 '차이'는 위화감을 조성하나요?"

"아니요오~!"

"똑같이 노력을 해도 머리 좋은 학생은 성적이 잘 나오고 머리 나쁜 학생은 덜 나오는 건 어떤가요? 성적 '격차'를 해소하기 위해 머리가 나쁜 학생은 50점씩 가산점을 주고 시험을 치면 어떨까요?"

"아! 안 돼요! 선생님!"

거의 비명에 가까운 소리가 터져나왔다.

불평등하기로 말하면 부모에게 물려받는 지능이나 외모만 한 게 없다. 그런데 그런 불평등은 감수하면서, 노력에 따른 소득의 차이는 수용 안 하겠다는 것은 억지스럽지 않느냐고 물었다. 학생들은 자신들이 뭔가 고정 관념이나 선입견 같은 데 얽매여 있다는 것을 조금씩 수긍해 가는 눈치다.

"머리 나쁜 거랑 어떻게 다른지 모르겠지만, 아주 불리한 조건에서 태어난 사람은 아무튼 배려를 해줘야 하지 않나요, 선생님?"

"맞아요. 그래서 '사회적 안전망'이 필요하지요. 복지 정책 같은 것. 그런 사람들에게 더 많은 배려가 돌아갈 수 있도록."

열심히 노력한 사람과 그렇지 않은 사람의 차이는 자연스러운 것이다. 열심히 일해 돈을 많이 번 사람과 그렇지 않은 사람의 차이라고 다를 것이 없다. 이걸 '소득 차이' 대신 '빈부 격차' '양극화'라는 말로 지칭하니까 부당하고 불편하다는 느낌을 주는 것이다.

'경쟁의 결여'가 문제다

사회문화 교과서는 끊임없이 사회 현상을 연구하는 바람직한 태도로서 '개방적 태도'와 '상대주의적 태도'를 강조하지만, 구체적인 사례를 다룰 때는 남과 다른 사고를 용납하지 않는 편협성을 보이고 있다. 예를 들어 빈부 격차 관련 시사로, 초호화 생일 파티를 한 어느 가난한 나라의 '부자' 대통령의 개념 없는 행동을 소개하는 식이다.

예시는 2016년 짐바브웨에서 일어난 실화다. 최악의 가뭄으로 300만 명의 국민이 식량난에 시달리는 가운데, 대통령이 92세 생일을 맞아 92킬로그램짜리 케이크를 마련하고 약 10억 원을 들여 5만여 명을 초대해 초호화 생일 파티를 열어 눈살을 찌푸리게 했다는 내용이다. '식량을 구하려 애쓰는 어린이' 사진과 '성대한 파티를 연 대통령' 사진을 마주세워 위화감을 강조했다(사회문화, 133쪽).

그러나 교과서도 설명하고 있듯이 짐바브웨의 이 상황은 "특정 세력의 정치 권력 독점으로 사회적 희소가치의 배분이 편중되어 나타난 현상"이다. 즉, 저 부당한 사례는 '경쟁'의 결과가 아니라 독점, 즉 '경쟁의 결여'가 낳은 폐해라는 점이다. 즉, 독점이 만들어 낸 폐해다.

정치 권력의 독점이든 정부의 독점이든 기업의 독점이든, 독점은 사회적 희소가치를 편중되게 배분할 것이며, 결국 불평등과 불공정으로 이어질 것이기 때문이다. 최악의 가뭄으로 극심한 기근에 시달리는 국민을 위해 어떤 돌파구를 만들어줄 수 있을지, 국민을 위해 어떤 방안을 제시할 수 있을지 여러 명의 정치가가 경쟁할 수 있다면 그 경쟁에 의해 선택된 지도자라면 저런 어처구니없는 결과를 초래하는 것은 막을 수 있지 않았을까. 개인과 기업 역시 경쟁을 통해 격차가 생기는 것은 자연스러운 것이므로, 그 결과를 인정하고 자신이 노력한 만큼 결과를 누리는 것이 공평함을 알려주어야 하는 것이 아닐까?

진짜 평등과 가짜 평등 사이에서 선택할 자유

마르크스와 그의 추종자들은 누구나 '능력에 따라 일하고 필요에 따라 분배 받는' 사회를 꿈꾸었다. 우리나라 초대 대통령 이승만은 거의 100년 전에 이것이 허구임을 지적했다.

> (토지를 모든 사람이 균등하게 나누어 가지면) 가난한 사람은 물론 환영하겠지만, 토지를 균등히 나누어 가지게 한 후에 게으른 사람들이 농사를 안 하거나 일을 안 하거나 해서 토지를 다 버리게 되면 어찌하겠는가? 부지런한 사람들이 부지런히 일해 게으른 가난뱅이를 먹여야 될 것이고, 가난뱅이는 차차 수효가 늘어서 결국은 저마다 일하지 않고 얻어먹으려는 자가 나라에 가득할 것이다. (……) 모든 부자의 돈을 다 모아서 균등하게 나누어 가지고 살게 하면 부자가 상전 노릇 하는 폐단은 없어지겠지만, 돈 있는 사람들의 경쟁이 없어지면 상업과 공업이 발달하기 어려울 것이니, 사람의 지혜가 막히고 모든 기기묘묘한 기계와 연장이 다 저절로 폐기되어 지금 이용후생하는 모든 물건이 더 진보되지 못하며 물질적 개명이 중지될 것이다. 자본가를 폐하기는 어렵고, 새로 법을 제

정하여 노동자와 평등한 힘을 가지게 하는 것이 나을 것이다.

1923년에 발표한 「공산당의 당부당(當不當)」이라는 글이다. 인용문의 마지막, 자본가가 '노동자와 평등한 힘을 가지게 하는' 법이 바로 요즘 말로 노동관계법과 사회적 안전망 아닌가!

미국 경제학자 밀턴 프리드먼은 "결과의 평등만을 강조하는 사회는 결국 평등도 자유도 달성하지 못하게 될 것"이라고 경고했다(민병균 옮김, 『선택할 자유』, 자유기업원, 2009). 억지 평등을 달성하기 위해 힘을 사용하면 자유가 파괴될 것이며, 좋은 목적을 가지고 위에서 끌어올리는 힘이라 해도 힘은 어디까지나 힘 가진 사람의 이익을 위해 쓰이게 마련이므로 그 평등은 '가짜 평등'이라 했다. 반면, 자유를 제일의 가치로 삼는 사회야말로 그 결과물로 '더 큰 자유와 더 큰 평등' 둘 다를 얻게 된다고 프리드먼은 말했다.

경쟁할 자유가 살아 있고 약자 배려와 사회적 안전망을 갖춘 '진짜 평등'과, 결과에 혹해서 자유도 평등도 다 잃고 말 '가짜 평등'. 교과서는 두 가지 사이에서 '선택할 자유'를 아이들에게서 앗아가고 있는 게 아닐까?

분배의 정의, 번영의 정의

통합사회 과목, '정의' 단원이다.

"정의가 뭘까?"

'올바름'이란다.

"올바른 건 또 뭐고?"

거짓이 아닌 것, 진실된 것, 약자를 위하는 것……. 구름 잡는 이야기들이 난무한다.

교과서는 정의를 "각자에게 각자의 몫을 주는 것" "동일한 경우를 동일하게 취급하고 다른 것은 다르게 취급하는 것" 등으로 설명하고 있다. 이어서 "이러한 정의는 공정한 분배를 추구하는 데 중요한 기준이 된다"고 덧붙인다. 요컨대 '분배의 정의'가 정의라는 말씀.

책장을 넘기면 '불평등의 해결과 정의의 실현'이다.

첫 그림부터 "불평등을 해결하는 것이 곧 정의"라고 못 박고 있다. 왜 하고많은 불의 중에 불평등이 해결해야만 하는 첫 번째 과제인가? 그리고 불평등을 평등하게 만드는 것만이 정의라고 못 박는 이유는?

정직한 저울

'생각을 열어주기 위해' 주어지는 그림 밑에 문제와 예시 답안이 제시되어 있다. 양팔저울의 왼쪽 접시 위에서는 키크고 덩치 큰 사람 형상이 만세를 부르고 있고, 오른쪽 접시 위에는 그보다 작은 여섯 사람이 서있다. 저울은 오히려 큰 사람 혼자 있는 왼쪽으로 기울어 있다.

> 문제) 위와 같은 저울의 수평을 다시 맞추려면 어떤 방법이 필요할지 이야기해 보자. (통합사회, 182쪽)

교과서가 '안내'하는 대로 따라가다 보면 예시 답안과 같은 답을 하게끔 되어 있을지도 모른다.

'덩치 큰 왼쪽의 것을 덜어내어 오른편에 얹어주면 양쪽 접시가 평형을 이룰 것이다.'

아이들의 답을 들어본다. 예상을 크게 벗어나지 않는다.

"얘들아, 너희 말대로 부자의 것을 덜어내 빈곤한 이웃에게 재분배하는 것이 정의라면 말이야, 이쪽 저쪽을 합친 부의 총량은 달라지지 않겠네? 한쪽을 덜어서 다른 편에 주는 것과, 양쪽을 다 키우되 모자란 쪽을 더 키워서 총량도 많아지는 것, 어느 쪽이 더 정의에 가까울까?"

아이들이 잠시 생각하고는 답한다.

"양쪽이 다 커지는 거요! …… 그렇지만 한쪽이 너무 기울어도 안 좋은 것 아닌가요?”

“열심히 운동한 사람이 몸이 건강해지듯이, 열심히 일한 사람이 부자가 되면 안 되나? 너랑 얘랑 키도 다르고 몸무게도 다른데 그럼 정의롭지 않구나! 네 다리를 하나 잘라 이 친구에게 붙여줘야 정의로운가?”

“헉! 선생님! 그런 건 아니고요…….”

“시험 끝나면 반 평균을 딱 내서, 평균보다 높은 사람은 그만큼 점수를 뚝 잘라 ‘빌로 애버리지(below average)’들한테 나눠주는 건?”

“에이~ 선생님, 꼭 그런 걸로만 예를 드세요?”

“그런 걸로‘만’? 이 앞에서는 정의관(觀)에 ‘자유주의적 정의관’과 ‘공동체주의적 정의관’이 있다고 배웠는데, 어째 이 문제의 예시 답안은 공동체주의적 정의관에‘만’ 치중한 것 같아서 그런다.”

아이들의 생각이 길어진다.

“저울이 나왔으니까 하나 더 생각해 볼까? 양팔저울은 꼭 수평을 이뤄야 하나?”

“그럼요~ 양팔저울인데요.”

“무거운 것은 무겁게, 가벼운 것은 가볍게 달아 주는 게 정직한 저울인가, 무조건 평형을 맞추는 게 정직한 저울인가?”

분위기 싸늘.

번영이 정의로운 분배다

'지금 나와 내 옆의 친구들이 모두 고르게 잘살아야 하는데, 누군 잘살고 누군 그렇지 않으니 정의롭지 못하다'는 생각에 문제가 없는지 생각해보자고 했다. 누군가는 열심히 일해서 부자가 되었다. 어떤 사람은 그렇지 못하며, 태어날 때부터 열악한 조건을 물려받아 노력조차 할 수 없는 사람도 있을 수 있다. 그렇다고 해서 반드시 모든 사람이 고르게 나누어 가져야만 정의로운 것인가?

대한민국 국민 중 근로소득세 면제자 비율은 50퍼센트에 육박한다. 열심히 일해 많이 번 사람이 그만큼 더 낸 세금이 복지의 근간을 이루고 있다. 세금은 보편적이지 않은데 복지는 국민 대다수가 세금을 내는 나라 수준의 '보편적 복지'를 요구하고 있는 것이 현실이다. 하지만 잘사는 사람도 못사는 사람도 모두 대한민국 국민이다. 국가는 가난한 사람들의 최저 생활을 '보장'할 의무 못지않게, 정당한 방법으로 열심히 일해 부를 축적한 사람들의 재산을 '보호'할 의무도 지고 있다. 그럼에도 가난한 이웃의 최저 생활을 보장하기 위해서라면 부자의 재산을 덜어내도 좋다는 논리는 어디서 나오는 것일까? 노력 차등의 대가가 '격차'로 주어지는 세상은 정의롭지 못한 것인가?

학생들은 가만히 듣고 있었다.

"세금을 낼 수 있는 사람이든 내기 어려운 사람이든 대한민국 국민이라면 누구나 국가의 보호를 받아야 하고, 그 보호의 기준은 법이어야 돼. 세금 역시 법을 근거로 해서만 부과할 수 있게 돼 있지? '조

세 법정주의'라고."

언제부턴가 감정이 법을 앞질러 '떼'의 함성이 정의 행세를 하고 있지는 않은지, 혹 정의가 법은 제쳐두고 광장에서 나온다고 착각하고 있는 것은 아닌지, 그 또한 짚고 넘어가야 했다.

지구도 평평해지고 대한민국도 평평해졌다. 과거에 비해 국제 사회의 장벽들이 허물어지고 수많은 격차·간극 들도 점차 완화되어 왔다는 말이다. 빈곤과 기아에서 허덕이던 사람들이 차츰 그 빈곤의 위기에서 탈출하기도 하는 번영의 시대로 나아가고 있다. 앵거스 디턴은 이를 '위대한 탈출(The Great Escape)'이라 불렀다(이현정·최윤희 옮김, 『위대한 탈출』, 한국경제신문사, 2015).

랜들 홀콤은 『번영의 생산(Producing Prosperity)』(황수연 옮김, 리버티, 2018)에서 '번영'을 "전에 경험하지 못한 재화를 소비하는 것"이라고 말한다. 매우 구체적이고 알기 쉽게 "마차를 타고 다니던 우리가 지금은 자동차를 타고 다니고, 전에 없었던 컴퓨터와 스마트폰을 쓰게 된 것이 잘사는 것"이라고 한다. 대부분의 사람들이 과거에 비해 잘살게 된 것이 번영이며 성장이라는 것이다. 절대적 빈곤에서 벗어났다는 것은 과거보다 평등해진 것이니, 번영이야말로 곧 정의로운 분배다. 번영이야말로 삶의 질을 생각할 여유를 가져다준다. 염치와 도덕을 찾고 체면을 생각하는 것도 삶의 질 중에서도 가장 기본적인 '배고픔'을 해결하고 난 다음의 일일 것이다. 번영한 나라들이 대체로 부패

정도와 범죄율이 낮은 것만 봐도 번영이야말로 '양심과 도덕이 작동하는 정의로운 세상'의 가장 중요한 토대다. '민주주의는 사치재'라고 하지 않는가. 우리나라도 1960~80년대를 거치며 이룩한 번영이 없었더라면 지금 같은 민주화도 없다.

제로 섬이냐 플러스 섬이냐

다시 '뚱뚱이와 홀쭉이' 저울로.

왼편 뚱뚱이의 몫을 덜어내 오른편 홀쭉이에게 보태주면 저울은 평형을 이루겠지만, 부의 총량은 그대로인 '제로 섬'이다. 그런데 만약 저울의 양편이 함께 커진다면? 특히 오른편 홀쭉이들이 더 크고 보기 좋게 성장할 수 있다면? 골라서 찾아갈 수 있는 일자리가 과거보다 많아지면 가난한 사람들의 소득이 늘고 건강해진다. 기업은 이윤을 위해 존재하지만, 기업의 성장은 가계들을 위해 양질의 일자리를 만들어낸다. 이렇게 저울의 양편을 함께 키워 국가의 부의 총량을 늘리고 절대 빈곤을 퇴치하는 '플러스 섬' 게임이 번영이다.

교과서는 '공동체주의적 정의관' 외에 '자유주의적 정의관'도 소개하고 있다. 그러면서도 '기울어진 저울' 문제의 예시 답안은 공동체주의적 정의관에만 입각했다. 불평등 문제의 해결책으로 '개인의 자유 신장'(자유주의적 정의관)을 도외시하고 '평등과 사회적 책임'(공동체주의적 정의관)만 제시한 예시 답안이야말로 정의롭지 않다.

“사회 전체의 힘인 ‘소득 총량’을 늘리는 ‘번영의 정의’를 즐겁게 바라보는 것은 어떨까?”

아이들은 마치 자기네가 벌써 부자가 된 듯 들떴고, 그렇게 기분 좋게 수업을 마무리했다.

<빌리 엘리엇>과 신자유주의

통합사회, 단원명 '시장경제와 금융'이다.

첫 번째 중단원 '자본주의의 전개 과정과 합리적 선택'은 자본주의의 역사를 설명하고 '합리적 선택'을 설명한다. 자유방임주의로 시작되는 '고전적 자본주의'에 이어 애덤 스미스가 나오고, 수정 자본주의를 거쳐 신자유주의에 이른다. 수정 자본주의 부분에선 '대공황'이 언급되고, 수정 자본주의의 출현이 "시장에만 맡겨두면 모든 경제 문제가 해결된다는 생각에 의문"을 갖게 된 탓이라고 설명하고 있다. 이후 바로 시장경제의 전면적 붕괴를 막는 유일한 수단이 '정부 기능의 확대'라 하면서 정부의 역할을 정당화한다. 그러나 이어 '정부 비대화'라는 비효율이 다시 나타났고 그것을 개선하기 위해 신자유주가 등장했다고 기술한다.

여기까지 큰 흐름은 문제가 없다. 하지만 교과서에 소개하는 식의 '신자유주의'에는 어린 학생들의 반감을 사기에 충분한 요소들이 들어 있다.

자유주의를 '자유방임주의'라고 설명하여, 자유주의는 원래부터 한계를 안고 있다는 선입견을 조성한다. 그 계기가 된 사건을 '대공황'으로 설명하고, 그런 대규모 실업 사태를 해결하기 위해 '큰 정부'의 등장이 당연하고도 불가피하다고 기술한다.

우리 학교에서 사용하는 교과서는 대공황을 '시장의 실패'라고 하고 있지는 않다. 애초 교과서를 선정할 때, 잘못된 용어인 '시장의 실패'가 들어 있지는 않은가, '기업가 정신'을 제대로 다루고 있는가 등을 기준으로 했기 때문이다. 그렇게 선정한 교과서인데도 독점 기업의 등장과 대량 실업의 발생 등을 해결하기 위해선 '큰 정부'가 필요함을 강조하며, 그로 인한 자본주의의 수정이 불가피했다고 기술하고 있다.

'비효율 해결'보다 '복지 축소' 초점

신자유주의의 등장 이후에도 정부의 적극적 역할이 여전히 정당화된다. 신자유주의는 '규제의 완화 및 철폐, 복지 축소, 공기업 민영화' 등을 주장하는 계기가 됐다고 기술하는 부분이 그렇다. 신자유주의가 가져올 '불편함'을 강조함으로써, 다시 정부가 개입하는 것을 정당화하려는 포석이다. "정부 개입으로 인한 시장 경제의 왜곡"에 따른 비효율을 해결하기 위해 신자유주의가 '등판'했다고 해놓고서, 막상 신자유주의는 어떤 장점이 있고 시장 왜곡과 비효율을 신자유주의는 어떻게 해결하는지는 전혀 언급하지 않는다.

그런 포석이 '생각을 키우는 활동'에도 그대로 드러난다.

2008년 미국발 세계 경제 위기는 신자유주의의 결과로 빚어졌으며, 그 원인을 정부의 개입이 적절히 이루어지지 못한 탓으로 돌리려 한다. 예시 답안은 세계 금융 위기는 "자본가들의 탐욕" 때문이었고, "정부가 금융 시장에 개입하지 않아" 발발했으며, 월가(월스트리트)에서 일어난 시위는 "신자유주의에 제동을 걸 수 있는 원동력"이라고 설명한다(통합사회, 131쪽). 신자유주의가 '자유를 확장'한 것은 숨기고 '복지를 축소'시킨 것만 강조한다. 스태그플레이션을 왜 정부의 개입으로 해결할 수 없었고 시장의 힘으로 비로소 극복할 수 있었는지 말해주지 않는다.

"선생님, 애덤 스미스의 '보이지 않는 손'이 나오는 그 자유주의는 그럼 '구'자유주의인가요?"

때로는 아이들의 시선이 정확하다. 아이들의 눈높이에서 '신(新)'은 '구(舊)'를 전제하는 것으로 보였을 것이다.

"구자유주의는 착한데 신자유주의는 나빠요, 선생님."

신자유주의가 복지를 축소하고 공기업을 민영화해 소비자들을 위협할 것이라는 '괴담'을 교과서 밖에서 이미 접한 아이들에게 신자유주의는 당연히 '악당'이다. 우리 경제가 악화일로로 치닫는 것 역시 자유주의에 원죄가 있는 듯 보도한 기사들을 이미 접한 아이들이다.

"자유주의에 신·구는 없어요. 애덤 스미스 당시의 자유를 굳이 지금의 자유주의와 비교하기 위해 고전적 자유주의라 부르는 것일 뿐, 자유주의는 늘 그냥 자유주의입니다. 정부가 모든 것을 알아서 해결해주려 한 수정자본주의 하의 '큰 정부'가 가진 비효율 때문에 자유주의가 '다시' 등장했으니 '신'자유주의인 거죠. 다시 등장한 자유주의는 실제로 많은 문제를 해결하기 시작했지요. 그 과정에 또 문제가 발생한다면 또 그에 맞는 해결책을 찾아가면 됩니다. 완벽한 정책은 없어요."

> 2018년 경제적 자유도가 가장 높은 최상위 4개국은 홍콩·싱가포르·뉴질랜드·스위스다. 가장 '지독한' 신자유주의 국가들이다. 해고도 거의 자유롭고 노동은 그저 당사자들 사이의 문제로 취급되며, 홍콩·싱가포르·스위스에는 심지어 최저임금도 없다. 세율도 낮다. 가장 '지독한' 신자유주의 국가들이 가장 못살아야 할 것 같은데 현실은 그 반대다. (펜앤드마이크 김정호 칼럼, 2018. 7. 27)

학생들은 다소 혼란스러워 하면서도, '팩트 폭격' 앞에서 생각을 다시 가다듬는 모습이다.

빌리 아버지에게 돌을 던질까

마무리를 할 시각. 단원 마지막 '통합적 사고력이 쑥쑥' 코너는 영화 〈빌리 엘리엇〉(2001)을 소개하며 모둠별 토의와 발표 방향을 유도한다.

1. 이 영화에서 자본주의의 발전 과정에 관련된 내용은 무엇인가?
2. 이 영화를 토대로 자본주의의 운영 방식의 변화가 개인의 삶에는 어떤 영향을 주는지 이야기해 보자.

1979년 집권한 보수당의 마거릿 대처 총리는 영국의 노동당 정부가 20년간 지속해온 사회 복지 국가 정책이 만성적인 저성장 등의 부작용을 낳았다며 '영국병'의 해소를 표방하고, 저비용·고효율로의 경제 구조 전환을 통해 시장 경제 원리를 중시하는 경제 전 부문에 걸친 경제 개혁에 착수하였다. 이러한 정책이나 신념을 '대처리즘'이라고도 한다. 영화 〈빌리 엘리엇〉은 아들의 자아실현을 위한 가족의 애틋한 사랑을 그려낸 영화이기도 하지만, 당시 영국 사회가 겪은 자본주의의 발전 과정이 고스란히 녹아 있는 영화이다.

교과서는 영화를 역경을 딛고 꿈을 이루어가는 탄광촌 아이의 '성장 서사'보다, 대처리즘으로 인해 아이의 꿈이 무너질 위기에 처한다는 '신자유주의 비판'으로 읽도록 몰아간다. 솔직히 말하자. 빌리의 당장의 위기는 탄광 구조 조정 때문인가, 파업 때문인가? 빌리가 런던 유학을 갈 수 있었던 건 아버지와 형이 파업 대열에서 이탈해 탄광으로 돌아갔기 때문 아닌가? 대처리즘을 비난하려면 빌리 가족을 같이 비난하든지, 빌리를 편들려면 아버지의 선택에 박수를 쳐주든지. 나만 불편한가?

"여러분, 내 자식의 꿈 때문에 파업 대오에서 이탈해 혼자서만 탄광으로 돌아간 빌리 아버지는 이기적이고 나쁜 사람이지요?"

"선생님…… 그렇게 딱 잘라말할 건 아닌 것 같은데요?"

그러면 됐다. 미안하다 애들아, 수업 끝 종 울린 지 오랜데.

녹조 라떼의 불편한 진실

태풍이 지나갔다. 우리 남부 지방은 물 폭탄을 맞았지만 태풍이 빠져나간 하늘은 청량하기 이를 데 없다.

1학기 마지막 발표 시간. 태풍 뒤끝이라 아이들이 준비한 뉴스 자료들도 과연 장마·태풍·홍수·가뭄에 관한 것들이 대부분이다.

발표는 어김없이 '녹조' 이야기로 흐른다. 이제 곧 장마가 끝나고 무더위와 함께 증발량은 많고 강수량은 적은 갈수기가 시작되면 하천마다 녹조가 늘어갈 테니, 보를 개방하고 자연 상태의 하천으로 되돌려야 한다는 요지다. 덧붙여, 여기저기 보를 건설한 '4대강 사업'은 비리의 온상이니 백지화가 마땅하다고 한다.

교사 강평 차례다. 1학기 체육 대회 때 을숙도에 가서 직접 본 낙동강 이야기로 시작한다.

"얘들아, 지난번 체육 대회 때 낙동강 가봤지? 낙동강은 '천정천'이라는 말도 들어 봤니?"

"천장…… 뭐요, 선생님? 강에 천장이 있어요?"

토사가 퇴적되어 하천 바닥이 주위 평지보다 높은 하천이 천정천(天井川)이다. 천정천인 낙동강은 강바닥이 높아 비만 오면 범람해 장마철마다 어김없이 유역을 물바다로 만들곤 했다. 우리 부산에서는 북구와 사하구 일대가 상습 침수 지역이어서, 그곳 공장들은 물이 빠지면 젖은 기계를 꺼내 말리는 일이 여름의 일상 풍경이 되곤 했다.

태풍 물 폭탄에도 낙동강은 멀쩡

그 낙동강 유역에서 최근 몇 년 침수 소식이 들리지 않는다. 2016년 가을 물 폭탄을 동반한 태풍 '차바'로 해운대 방파제가 무너지고 센텀시티 지역이 '어디가 물이고 어디가 뭍인지' 모를 지경이 됐을 때도 낙동강은 멀쩡했다. 필시 낙동강 여덟 군데 설치한 보들 덕분이라고 믿는다. 가뭄도 홍수도 보와 댐 덕분에 잡을 수 있다는 이야기에 아이들이 고개를 끄덕인다.

하지만 녹조는?

"4대강 공사로 물이 고여 있고 유속이 느려져서 그런 것 아닌가요, 선생님? 고인 물은 썩잖아요."

흐르는 물은 썩지 않는다, 그러므로 보를 개방해서 물을 흘려보내야 한다 — 득의만만한 발표 학생에게 아이들이 엄지 척을 날린다.

"맞아, 맞아. 4대강이 잘못했네!"

"좋아. 그럼, 선생님의 세 가지 질문에 성공적으로 답하면 오늘 네

◇낙동강 녹조
남조류의 이상 번식에 의한 녹조현상이 낙동강 물금취수장 부근 지역으로 확산되어 하천을 녹색으로 물들이고 있다。 【釜山=李鍾贊기자】

낙동강에 藻類경보제 추진

【釜山=朴柱榮기자】최근 몇년간 조류(藻類) 이상번식 현상이 계속되고 있는 낙동강에 조류경보제 도입이 추진되고 있다。 낙동강환경관리청은 19일 낙동강 조류경보제 도입을 위해 조류농도 등 기준치 설정과 경보단계、경보후 대책 등을 마련하고 있다고 밝혔다。 대청호 등 호수에만 적용되고 있는 조류경보제가 낙동강에 도입될 경우 국내 하천중에는 처음으로 도입되는 것이다。

1990년대 신문의 낙동강 녹조 보도(《조선일보》 1996. 8. 20)

가 승! 선생님이 사탕을 쏘겠다. 첫째, 4대강 사업이 '녹조 라떼'의 원흉이라면, 4대강 공사 전에는 녹조가 많지 않았어야 한다. 둘째, 고인 물이 썩는다면 충주호·대청호, 멀리 바이칼호까지 호수는 다 썩었어야 한다. 셋째, 4대강 사업을 백지화하고 자연 하천으로 되돌리고 나면, 가뭄 때 필요한 농업용수는 어떻게 공급할 것인지?"

허를 찔린 아이들은 한동안 멍하니 서로 쳐다보고만 있었다.

가뭄도 홍수도 자연재해다. 자연재해를 인간이 막을 수는 없어도 그 피해를 최소화할 수는 있다. 홍수를 막는 데 댐과 보가 유용하리라는 데는 아이들도 대체로 동의했다. 그러나 갈수기에 한편으로는 농업용수를 공급해야 하고 다른 한편 '고인 물'에서 녹조가 발생할 것을 고민해야 하는 갈등에 아이들은 난감해졌다.

"아까 '고인 물은 썩는다'고 했지? 그럼, 녹조가 발생하는 건 유속이 느리기 때문만일까?"

녹조의 3대 발생 원인은 '빛' '온도' '영양분'이다. 유속은 이 중 온도와 영양분에 영향을 끼치는데, 그 영향은 간접적이고 미미하다. 우리나라에서 녹조가 늘어나는 가장 큰 이유는 사실은, 우리나라 농업이 다른 나라보다 비료를 많이 사용해서, 수온이 높아지는 여름철에 부영양화를 초래하기 때문이다. 그래서 녹조를 줄이기 위한 좋은 방법 하나는 수체(water bodies)를 키워 수온을 낮추는 것이다.

물을 다스리는 나라가 흥하거늘

우리 신체의 약 70퍼센트는 물이다. 우리는 몸 안의 물을 배설하면서 하루를 시작하고, 매일 2—3리터의 물을 보충하며 살아가야 하는 존재다. 물 없이 살 수 없는 인간이 물을 이해하고 공부하는 것은 중요하다. 역사 속의 물 문제에 접근한 책도 소개하며 물 이야기를 이어나간다. 중국도 로마도 고대 한 시절 대제국을 이루었으나, 로마는 제국 통합에 실패했고 중국은 성공했다. 그 비결을 '물'에서 찾는 분석 하나를 소개한다.

"인류 역사는 물과의 투쟁의 역사였어요. 역사 발전의 중요한 국면마다 물을 어떻게 확보하고 이용했는가는 매우 중요한 문제였고, 각각의 시대는 그 당시에 직면한 물 문제를 어떻게 해결하느냐에 따라 나름의 형태가 갖추어졌지요."(『물의 세계사』, 민음사, 2013)

'물 부족 국가'인 우리나라는 오랫동안 하늘만 바라보며 살아왔다. 그 하늘을 인공위성이 날고 땅에서는 사람 대신 인공지능이 운전을 하는 시대에, 녹조가 생기면 보를 원망하며 기우제나 지내려는가? 장마가 지나면 곧 뜨거운 더위와 가뭄이 닥칠 테고, 미디어는 어김없이 '녹조 라떼' 사진들로 도배할 것이다. 가짜 뉴스에 휘둘리지 않도록 '녹조 라떼 백신'을 맞혀주고, 덤으로 '영양제'도 하나 날린다.

"마지막으로, 녹조가 나쁜 것만도 아니란다. 많은 나라들에서 '녹조 라떼'를 자원으로 활용하고 있어요. 연료와 유기 비료는 물론이고, 썩는 쇼핑백 같은 바이오플라스틱 원료로 쓰기 위해 일부러 녹조를 배양해 산업적으로 활용하는 나라도 있어. 그래서 이미 선진국들에서는 하천에 더욱 많은 보를 만들기 위해 노력하고 있는데, 우리는 '원시 하천'으로 돌아갈 궁리만 하는 것도 시대 역행적이지 않을까?"

"우와~ 선생님, 그럼 우리나라는 왜 안 해요?"

"방학 숙제로 내줄까?"

"아니요~!"

이렇게 1학기 토론 수업을 마무리했다.

깜깜한 밤, 더 깜깜한 미래

길지 않은 장마 탓에 일찍 시작된 폭염으로 전국이 달아오른다. 더위에 지칠세라 학교도 온종일 에어컨을 가동하고 있다. 풍족하게 쓰고 있는 에너지! 가격이 저렴하기 때문이다.

일부러 사회실 에어컨을 끄고 학생들을 기다린다. 교실에서 사회실까지 찜통 같은 복도를 지나온 아이들은 사회실에 들어서자마자 에어컨 안 켰다고 아우성이다.

"오늘은 에어컨·선풍기 없이 창문만 열고 수업을 해보겠습니다."

"악! 선생님, 왜 그러세요? 선생님 더위 드셨나보다."

"만일 '블랙 아웃'이 된다면 이렇게 지내야 할지도 모르잖니? 그리고 오늘 단원이 '지속 가능한 환경'인데, 어떤 에너지가 지속 가능하고 환경에 보탬이 되는지도 실감할 겸……. 좋아, 인심 썼다. 에어컨은 켜고."

무지가 낳은 공포

'지속 가능한 환경'은 조금 엉뚱하게 '인권' 단원에, '지속 가능한 환경에 대한 권리'로 나온다.

'인권의 확대'라는 제목의 도표에 1세대 인권은 자유권, 2세대 인권은 사회권, 3세대 인권은 '연대권 또는 집단권'이라 이름 붙이고, 3세대 인권의 다섯 가지 보기 중 마지막으로 '지속 가능한 환경에 대한 권리'를 넣었다(통합사회, 103쪽).

〈판도라〉(2016) 같은 영화 한 편 보고 나서 '후쿠시마 재앙'이 무섭다고들 호들갑 떠는 건 무지하기 때문이다.

우리 몸이 받는 방사능의 영향을 재는 단위는 시버트(Sv). 인체 피폭량 기준치는 연간 1밀리시버트(mSv)다. 시간당으로는 0.11마이크로시버트(μSv/h)쯤 된다. 이 수치를 실감하기 좋은 주변 사례로 치환해 설명한다.

"바나나 한 개를 먹으면 0.1마이크로시버트의 방사선에 노출되는 거야. 그것 말고도 지구 위 인간은 일정량의 방사선에 노출되고 있어서, 시간당 평균 0.1~0.2마이크로시버트, 즉 가만히 있어도 바나나 한 두 개먹은 양의 방사선에 노출된다."

후쿠시마 재앙을 공포와 버무려 이야기하는 사람들은 "지진과 쓰나미, 원자력 발전소 사고로 2만 명이 넘는 사상자와 수십만 명의 이재민이 생겼다"고 한다. 그러나 사실 '2만 명 넘는 사상자'는 방사선 피폭이 아니라 지진과 쓰나미로 인한 것이었다. 후쿠시마 원전 사고로 방사선에 노출된 사람 누구도 방사선으로 사망하거나 급성 질환이 생기지 않았다(유엔 방사선영향과학위원회UNSCEAR 후쿠시마 조사보고서, 2013; 국제원자력기구IAEA 후쿠시마 조사보고서, 2014).

2011년 사고 당시 후쿠시마에 살던 주민이 원전 사고 이후 일생 동안 받을 방사선 피폭량은 1만 마이크로시버트로 추산된다. 미국 방사능 관련 직종 규정에는 연간 5만 마이크로시버트 이상의 방사선 노출을 금지하고 있으니, 후쿠시마 주민이 남은 일생 받을 피폭량은 미국의 방사능 관련 직종 기준의 5분의 1에 불과하다.

비행기를 예로 들면, 상공에서는 우주 방사선 때문에 시간당 최대 3.08밀리시버트에 노출된다. 해외여행으로 열두 시간 비행기를 탄다면 후쿠시마 원전 근처에 3.7시간 서있는 것과 같고, 왕복이면 7.4시간의 피폭량이다. 담배를 피는 사람의 폐는 담배 속 폴로늄과 납 때문에 연간 16만 마이크로시버트의 방사선에 노출되는데, 이를 시간당으로 환산하면 미국 종사자 기준치의 3배가 넘는다.

이처럼 일상생활 속 방사능 노출을 생각하면 우리는 방사능이 무서워 아무것도 할 수 없어야 하지만, 방사성 동위원소 이용을 포함해 원자력은 발전·의료·유전공학·비파괴 시험·우주 전지·멸균·종자개량 등등, 모두 평화적으로 이용되고 있다. 구더기 무서워 장을 못 담가서야 되겠는가. 원자력을 포기하고 원시로 회귀하면 모를까.

게다가 똑같은 원자력 이용이라고 해도 원자력 발전 기술과 핵무기 제조 기술은 엄연히 다른 영역이다. 싸고 청정하고 안전한 에너지를 만드는 원자력 발전을 '핵발전'이라 부르는 것도 '핵무기'를 연상시켜 혼란과 불안을 불러일으킨다.

일본은 후쿠시마 원전 사고로 당연히 원전에 대해 일시적으로 부정적인 여론이 있었다. 그래서 사고 직후 일본도 '원전 제로 정책'을 수립했다. 그러나 대체 에너지로 도입한 LNG(액화 석유 가스) 발전이 엄청난 무역 적자를 가져오자 결국 원전을 근간으로 하는 전력 구조로 되돌아갈 수밖에 없었다. 일본 내 48기의 원전 중 9기가 운전 중이고, 운전 승인을 받고 가동 준비 중인 발전소도 증가하고 있다. 2030년까지 전체 전력의 22퍼센트까지를 원자력으로 충당한다는 계획을 세우고 있다.

그들이 '탈 탈원전'하는 까닭은

우리나라 탈원전의 모델이라는 대만에서 2017년 8월에 대규모 정전(블랙 아웃) 사태가 일어났다. 36도를 웃도는 폭염 속에서 순차적으로 전력 공급이 중단되면서 대만 전체 가구의 3분의 2가 큰 불편을 겪었다. 대만은 그 3개월 전에 아시아 국가 중 최초로 탈원전 정책을 시행해 6기의 원전 중 1기만 남기고 가동을 중지했지만 여름철 무더위로 전력 수요가 늘어날 것에 대비해 임시로 가동 원전을 3기까지 늘렸는데도 블랙 아웃 사태를 피할 수 없었다.

후쿠시마 사고 후 독일도 탈원전으로 돌아섰지만 신재생 에너지

주요 발전원별 발전 단가, 이산화탄소 배출량, 장단점

발전원	발전 단가 (원/kWh)	이산화탄소 평균 배출량 (g/kWh)	장단점
석탄	74	991	**장점:** 단가 낮음 **단점:** 이산화탄소 배출량 매우 많음 재처리와 수송 등 추가 비용 발생
천연가스	99.4	549	**장점:** 단가 낮은 편 **단점:** 이산화탄소 배출량 많음
태양광	250	57	**장점:** 이산화탄소 배출량 적은 편 **단점:** 발전량 기복이 심함
원자력	68	10	**장점:** 단가 낮음. 이산화탄소 배출량 매우 적음 발전량이 매우 안정적

가 그 간극을 메우지 못하고 있다. 독일은 석탄 자원이 풍부해 그나마 대안이 있는 나라다. 그럼에도 탈원전 이후 태양광 발전(약 40GW)과 풍력 발전(50GW)을 대대적으로 확장하면서 엄청난 신규 투자가 발생해, 과거 유럽에서 가장 전력 값이 저렴하던 독일이 지금은 탈원전 전의 3.3배까지 뛰어 에너지가 가장 비싼 나라로 변했다.

결국 일본도 대만도 독일도 탈원전이 지속 가능한 에너지 정책일 수 없음을 깨닫고 있는 중이다. 그것도 막대한 비용을 치러 가며.

에너지원별 생산(발전) 단가를 본다. 대체 에너지로 첫손에 꼽는 태양광은 전력 생산이 안정적이지 못하다는 단점 말고도, 비용이 예상

외로 매우 높다. 표에서 보듯 가장 저렴하면서도 안정적인 에너지원은 단연 원자력이다.

"선생님, 태양광 발전은 자연 상태의 햇빛을 에너지원으로 쓰니까 연료 비용이 전혀 들지 않는 것 아닌가요?"

"햇빛의 에너지를 모아 전기 에너지로 변환해줄 '태양광 패널' 자체의 가격과 설치 비용, 또 패널을 설치할 장소를 확보하는 비용, 수명을 다한 패널의 처리 비용까지 따져보면 그렇지 않아요."

국제에너지기구(IEA)의 2015년판 발전 비용 보고서에 따르면 태양광의 발전 단가는 원자력 발전의 3배가 넘는다. 한국수력원자력(한수원)과 에너지경제연구원의 자료에서도 신재생 에너지들의 발전 단가가 전반적으로 원자력의 두 배를 크게 웃돈다.

캘리포니아밸리 태양광 발전소(California Valley Solar Ranch, CVSR)는 약 1,500헥타르(16km²)에 달하는 면적에 태양광 패널을 설치하여 시간당 전력 250메가와트를 생산하는 세계 최대급 태양광 발전소다. 이 지역은 1년 중 평균 315일이나 화창한 태양이 비추는 지역이다.

2018년 손정의 일본 소프트뱅크 회장과 무함마드 빈 살만 사우디아라비아 왕세자가 2030년까지 2천억 달러(214조 원)를 들여 총 200기가와트 규모의 태양광 발전소를 사우디에 건설하기 위한 프로젝트를 계획하고 있다고 발표했다. 사우디도 연중 태양일수가 대단히 많은 사막 지대고 황무지다.

캘리포니아나 사우디 같은 환경에서조차 에너지 생산 효율은 그다지 높지 않다.

1기가와트 전력을 생산하는 소규모 원전 1기를 갖추는 데 필요한 부지는 약 0.6평방킬로미터다. 똑같은 1기가와트 전력을 태양광으로 생산하려면 그 22배에 해당하는 13.2평방킬로미터, 여의도 면적(2.9km²)의 4.6배 면적을 태양광 패널로 덮어야 한다. 우리나라 '새만금 재생에너지단지'는 2022년까지 새만금 일대 38평방킬로미터 용지에 조성하는 3기가와트급(태양광 2.8GW, 연료전지 0.2GW) 발전 단지다. 여의도 18개 면적을 태양광 패널로 덮는 것이다.

설비 이용률(가동률)을 보면, 원전은 평균 약 85퍼센트, 태양광은 15퍼센트가량이다. 설비 이용률까지 감안하면 소규모 원전 1기에 해당하는 1기가와트의 전력을 실제로 생산하기 위해 약 6기가와트급의 태양광 설비가 필요하다는 뜻이다. 새만금에 3기가와트급 단지를 개발한다 해도 실제 생산 전력은 0.5기가와트(500MW)에 그친다는 얘기다. 고리 원자력 발전소 3기의 발전 용량(총 2.55GW)의 5분의 1 수준이다. 그만 한 전기를 생산하겠다고 1단계 150억 원, 2단계 2조 원, 3단계 약 1조 9,850억 원 등, 2026년까지 8년간 민간 자본 4조 원을 투입한단다. 소형 원전 하나에도 못 미치는 전력을 위해! 거기다 '신재생 보조금'으로 20년간 13조 원이 추가로 들어갈 것으로 예상된다니 할 말 다 했다.

2017년 에너지경제연구원이 공개한 '신정부 전원 구성안 영향 분석' 자료를 보면 원전과 석탄 발전 비중이 줄고 신재생 에너지 비중이 20퍼센트까지 커진다고 가정했을 때 2029년 발전 비용은 2016년 대비 21퍼센트 증가할 것으로 전망됐다. 이 비용 상승분을 요금에 반영하면, 2017년 가정용 1가구 평균 전기 사용량(385kWh)의 요금은 월 6만 2,550원에서 2029년 7만 5,060원으로 1만 2,510원 오른다. 1년으로 환산하면 가구당 15만 원 정도를 더 내야 한다. 태양광을 선택한 대가로 모든 가구가 비용 상승을 분담해야 한다니, 태양광이 가장 고비용 저효율 에너지인 셈이다.

환경 해치는 신재생 에너지

비용은 그렇다 치고, '안전'과 '환경'을 위해서는 신재생 에너지를 확대해야 하는 것 아닐까?

'신재생 에너지'는 '신에너지(new energy)'와 '재생 가능 에너지(renewable energy)'를 합한 말이다. 학술적으로는 '대체 에너지(alternative energy)'라고 한다. 기존 에너지원의 주종이던 석유·석탄 등 화석 연료를 '대체'할 에너지라는 뜻이다. 요즘 우리나라에서 가장 트렌디한 것은 그중 '재생' 에너지, 그중에서도 태양광 발전과 풍력 발전이다.

흔히 태양광 발전은 원전보다 안전하고 깨끗한 줄 안다. 태양광 패널의 수명은 20~30년이고, 수명을 다한 다음엔 처치 곤란이란 사실을 고려하지 않았기에 갖는 착각이다.

마침 수업에선 '국제 무역'을 배우는 중이었고, 중요한 수출입 거래 품목에 '에너지'도 있었다. 원전으로 에너지를 수출하던 우리가 앞으론 엄청난 양의 태양광 패널을 수입하게 생겼다.

"우리나라가 에너지 수출국이라는 건 알고들 있나요?"

"기름 한 방울 안 나는데도요?"

"그래요. 원유는 수입하지만, 그걸 가공한 석유 제품으로 경유(38%), 항공유(21%), 휘발유(16%), 나프타(9%) 등은 수출하거든요. 게다가 원전 기술까지."

"그래도 앞으로 신재생 에너지를 생산해야 하는 거 아니에요, 쌤? 친환경이고 안전하고. 태양광·풍력이 '착한 에너지'잖아요."

신재생 에너지가 정말 '착한' 에너지인지 확인을 해야 했다. 학생들 발표 자료 중 '새만금 재생 에너지 비전 선포식' 기사를 파들어가기로 한다.

환경 오염의 주범 중 하나인 이산화탄소(CO_2)의 양으로 보면 원자력이 가장 환경 친화적이다. '발전원별 이산화탄소 발생량'을 보면, 태양광은 석탄이나 석유보다는 낮지만 원자력에 비해서는 5배 넘는 이산화탄소를 발생시킨다.

태양광 발전은 전력 생산량 기복이 심하기 때문에 패널을 설치할 면적을 확보하려면 엄청난 규모의 산지를 훼손해야 한다. 대안으로 수상·해상 태양광 패널 설치를 제시하고 있지만, 안전성이 아직 검증되지 않았다. 태양광 패널이 태풍 등 가혹한 환경에 장시간 노출되면 금속 성분이 물에 녹아 수질 오염을 초래할 수 있기 때문이다. 패널에 끼는 찌든 때는 대기 중에 있는 유해 성분들인 질소산화물·황산화물·일산화탄소·벤젠·포름알데히드 등 1급 발암 물질이 엉겨 붙은 것으로 알려져 있다. 발전 효율을 위해 강력한 세정제를 써서 이걸 씻어내야 하는데, 씻긴 유해 성분들과 세정제가 함께 저수지로 들어가면 심각한 수질 오염과 감전 사고 등을 일으킬 수 있다.

2018년 9월 기준 전국에 설치된 수상 태양광 발전 설비는 총 44개소 76메가와트 규모다. 그중 가장 오래된 것은 2013년 6월에 준공됐고, 나머지는 상업 운전을 시작한 지 1~2년 정도인 설비가 대부분임에도 21건의 고장을 유지·보수·수리해야 했다. 태양광 설비의 수명이 보통 20년인데 1~2년 사이에 벌써 이렇다면 내구성과 안정성이 심각하게 우려된다.

수명이 다해 폐기되는 태양광 패널을 재활용하기도 쉽지 않다. 패널에는 납·구리·알루미늄 등 환경을 오염시키는 금속이 포함돼 있다.

에너지 저장 장치(ESS)의 화재 등 잦은 사고도 문제다. 원전은 쉽게 껐다 켰다 할 수 없는 특성상 기저 부하(base load, 발전할 때 시간적 또는 계절적으로 변동하는 발전 부하 중 가장 낮은 경우의 연속적인 수요 발전 용량), 쉽게 말해 최저 발전량을 늘 어느 정도 유지해야 한다. 하지만 태양광 발전은 기상 조건에 따라 전력 생산량이 들쭉날쭉하게 바뀌는 특성 때문에 기저 부하로 기능할 수 없으므로, 남는 전기 에너지를 저장했다가 필요할 때 꺼내 쓰는 ESS 설비가 반드시 필요하다. 문제는 이 ESS에서 사고가 잦다는 것. ESS는 폭발, 화재 등에 취약한 고밀도 에너지원이어서 충격과 열에 취약하다. 2018년 9월과 10월에 ESS 폭발로 고창·경산(변전소), 영암·거창(풍력발전소), 군산·해남(태양광발전소), 세종 아세아제지(피크 제어용) 등 7곳에서 화재가 발생해 재산 피해만 200억 원에 달했다. 특히 도시에서는 학교나 공공 건물 등에서 이 ESS를 사용하게 될 텐데, 학교에서 ESS 폭발로 화재라도 난다면?

태양광 못지않게 저비용이고 친환경적일 것 같은 에너지가 바람을 이용하는 풍력 발전이다.

그러나 풍력 발전은 바람이 불었다 안 불었다 하는 '간헐성' 문제를 극복해야 한다. 입지 조건만 맞으면 무한에 가까운 자원이라지만, 그 조건에 맞는 입지가 드물다. 풍력 발전 타워(풍차) 높이가 80미터니까, 80미터 상공의 연평균 풍속이 얼마나 지속적이고 고르냐가 풍력 발전의 관건이다. 우리나라는 풍력 발전을 위해 필요한 '초속 5미터 이상'의 바람이 지속적으로 유지되는 곳 자체가 많지 않다. 바람의 방향과 속도도 일정해야 한다. 방향이나 세기가 자주 바뀌면 발전기 날개가 부서지기 쉽다.

풍력 발전은 효율도 낮다. 대한민국 땅 전체를 풍차로 도배해도 우리나라 전력 공급량을 감당할 수 없다고 한다. 바람이란 것이 24시간 꾸준히 부는 것도 아니라서 발전량도 시시각각 달라질 수밖에 없어 공급이 불안정하다. 발전 효율을 높이려면 풍차 날개를 키워야 하는

데, 날개 길이가 수십 미터가 되면 도시 근처에 짓기 힘드니까 도시와 멀리 떨어진 곳을 찾아야 하고, 그 과정에서 대규모 산림 파괴가 일어난다. 날개가 돌아가는 소음, 새들이 날개에 받혀 수천 마리가 떼죽음을 당하는 등 부차적 문제도 많다. 바람만 불면 되는 것 아닌가 하는 막연한 기대만으로 미래 에너지원으로 삼기에 풍력은 우리나라의 조건과 너무나 멀어 보인다.

태양광도 풍력도 현재 우리의 최적화된 에너지로 보기에는 거리가 멀어 보이건만 대규모 신재생 에너지로 미래를 책임지겠다고 한다. 정말 환경을 걱정하고 경제를 걱정한다면 정직하게 따져보고 결정해야 한다. 저 신재생 에너지의 청사진 위에 우리 사랑하는 자녀들의 얼굴이 오버랩되어도 부끄럽지 않을, 그런 양심 위에 세워지는 정책이어야 하지 않겠나 말이다. 과연 어느 것이 진짜 안전하고 친환경적인 에너지인지, 도대체 우리만 역주행하려는 진짜 의도가 무엇인지 묻고 싶을 수밖에 없다.

원자력 없는 대한민국의 미래는

탈원전으로 깜깜해지는 밤은 우리의 미래까지 깜깜하게 만든다.

한국과학기술원(KAIST) 학부 과정에서 '원자력 및 양자공학과' 지원자가 급격하게 감소하는 상황이 벌어졌다. 이 학교는 전공 구분 없이 신입생을 뽑은 뒤 2학년 때 전공을 선택하는데, 2018년 1학기에

방사선의 다양한 활용

지원자가 다섯 명으로 급감한 데 이어 2학기에는 아무도 지원하지 않았다고 한다. 다른 대학들도 사정은 비슷하다 한다.

원자력 관련 학과의 진로는 폭넓다. 크게 원자력 에너지 분야, 방사선 의료 분야, 반도체·우주·국방 등 광범위한 산업 분야에 활용되는 플라스마 및 방사선 기술 응용 분야, 입자 가속기와 중성자 연구 시설 등 대형 국가 연구 인프라 분야 등이 있다. 산업통상자원부·과학기술정보통신부는 물론이고 국가정보원에도 원자력 관련 학과 출신들이 있다. 원자력에 대해 아는 것이 있어야 외부 전문가의 말도 이해할 수 있고, 당장 북한이 핵 실험을 했는지, 무엇을 터뜨린 건지, 정보 가치가 얼마나 되는지 판단할 수 있기 때문이다. 원자력은 산업과 안보 측면 외에 국제 정치 문제와도 관련 있어 외교부와 청와대에서도 이들 전공자를 필요로 한다. 그런데 전공 지원자가 사라진다면, 이러한 인재들을 더 이상 국내에서 육성할 수 없게 된다. 그렇게 원자력·핵물리학 전공은 다 사라질 것이다.

뛰어난 실력을 갖춘 원자력 과학자와 기술자들은 이미 우리나라를 떠나 일본·미국·중국·유럽 등으로 나가고 있다고 한다. 당장의 핵기술과 원자력 에너지도 문제지만, 핵 융합 및 수소 등 미래의 핵 기술을 완전 포기하고 선진국의 핵 기술에 지배당할 것이 불을 보듯 뻔하다.

핵 전문가 없는 대한민국 미래는 암울하다. 지원자마저 줄고 있는 지금, 탈원전이 가속화되어 공포에 의한 괴담만 양산하게 되면 핵 보유국인 북한이 우리를 협박하거나 공격하는 위기 상황에서 마지막 대응 수단이 될 '잠재적 핵 전력'마저 잃게 된다.

한국의 원전 기술은 세계 최고 수준으로 인정받고 있고, 세계 원전 시장이 계속 확대되고 있어 미래 산업으로서 가치도 높다. 전 세계에서 독자적 원전 기술을 보유한 국가는 한국을 포함해 미국·러시아·일본·프랑스 정도뿐이다. 그중 한국은 프랑스와 더불어 유이하게 원전 무사고 운영 기록을 보유하고 있다. 그런데도 과학기술정보통신부는 원자력 분야 연구·개발 추진 방향을 '원자력 발전과 신규 원전 개발' 중심이 아닌 '원전 안전·해체 기술 활용' 쪽으로 전환하겠다고 밝혀, 대학과 연구 기관의 신규 원전 개발 연구는 사실상 중단 상태다. 주한규 서울대 원자핵공학과 교수는 "원자력과 관련한 거의 모든 연구가 원전의 '안전 및 해체' 분야 등에만 집중 지원되고 있고, 세계 원전 시장을 주도하던 '4세대 신형 원전 개발' 연구는 정체된 상태"라고 한다.

원전 산업은 고부가가치 산업이고, 고부가가치 일자리의 주요 공급처다. 그래서 대통령이 먼 나라까지 재벌 총수를 따라가 원전을 홍보하고 일자리를 부탁하는 것이다. 젊은이들이 선호하는 양질의 일자리 10만 개가 바로 코앞의 원전 산업의 전·후방에 있다는 걸 알고나 있는 것인지 모르겠다. 우리는 원전이 위험하다고 벌벌 떨면서 원전을 수출하겠다 하면 누가 사갈 것이며, 고급스런 일자리를 낳을 거위의 배를 갈라버리면 앞으로 알은 누가 낳을 것인지? 한쪽에서 계속 엉터리 괴담을 퍼뜨린다 해도 한쪽에선 누군가 계속 진실을 알려야만 하는 이유는 이제 분명하다. 고작 백 명 남짓 학생들에게나마 진실을 알리는 것이 내 몫이어서, 포기할 수 없는 수업이다.

'착한 커피' 정말 착한가

사람이나 반려동물뿐만 아니라 몸매도 개념도 바야흐로 착해야만 살아남는 시대다. 가게도 가격도, 심지어 사물까지도 착해지기를 강요받는다.

'착한 ○○'의 물결은 급기야 커피까지도 착하게 만들었다. 길거리를 지나다보면 자기들 가게는 공정 무역으로 들여온 '착한' 커피를 판매하는 '착한' 가게임을 강조하는 팻말을 종종 보게 된다.

'커피 회사들이 수백만 달러를 벌 동안 농민들은 1킬로그램당 90원을 법니다.'

거대 다국적 기업인 커피 회사들을 향한 분노에 불을 지르고 원가를 따지도록 충동질하는 문구. 여기서 '착한' 무역, 공정 무역이 등장한다. '착한 커피'의 출발점이다. 그래서? 착한 커피 마시고 우리 모두 착해지자고?

통합사회 교과서에는 '공정 무역'이라는 말은 없고, 대신 공정 무역 문제와 직결되는 플랜테이션 관련 내용이 있다. 교과서는 '플랜테이션' 대신 '재식 농업(栽植農業)'이라는 더 어려운 말을 썼고, '플랜테이션'과 '공정 무역'은 교사용 지도서에만 나온다.

플랜테이션이란 선진국의 자본과, 주로 열대 기후대에 분포한 저개발국의 값싼 노동력이 결합한 기업적 농업이다. 역사적으로 플랜테이션의 확장 과정에서는 후진국(식민지)에 대한 선진국(유럽 식민 제국)의 노동력 착취가 있었다.

아이들에게 '착취'는 싫은데도 할 수 없이 공부에 매진해야 하는 자신들의 상황과 동일시되기 일쑤다. 착취는 언제나 나쁘고, 억울하고, 벗어나고 싶은 굴레 같은 것이다. 그런데 교과서나 교사용 지도서의 플랜테이션의 설명이 '착취와 억압'에 방점이 찍혀 있다면?

플랜테이션의 단점은 "소수 대농장 중심의 단일 농업 구조여서 외부 충격(국제 시장의 흐름)에 취약하며, 부의 해외 유출, 환경 오염, 주민들의 사정이 개선되지 않을 수 있고, 토지 소유와 부의 지나친 집중과 독립된 자영 농민층의 성장 방해" 등으로 상세하게 기술되어 있다. 그에 비해 장점은 "고용 증대, 도로나 항구의 건설 등 사회 간접 자본의 증가, 열대 해안 저지대의 개발 촉진" 정도가 전부다. 이렇게 플랜테이션의 단점을 부각시킨 뒤, 교사용 지도서는 드디어 '공정 무역'을 소개한다.

공정 무역이란 한마디로 국가 간 동등한 위치에서 이루어지는 무역을 말한다. 최근 다양한 상품을 생산하는 데 있어 공정한 가격을 지불하도록 촉진하기 위한 국제적 사회 운동으로 추진되고 있다. 이 운동은 윤리적 소비 운동의 일환이며, 그 대상은 개발도상국에서 선진국으로 수출되는 상품으로 농산물이 주종을 이룬다. 공정 무역은 기존의 국제 무역 체계로는 세계의 가난을 해결하는 데 한계가 있다는 인식 아래 1990년대부터 시작되었다. 생산자와 소비자 간의 직거래, 공정한 가격, 건강한 노동, 환경 보전, 생산자의 경제적 독립 등을 포함하는 개념이다. 가난한 제3세계 생산자가 만든 환경 친화적 상품을 직거래를 통해 공정한 가격으로 구입하여 가난 극복에 도움을 주고자 하는 데 그 목적이 있다. (기획재정부의 『시사 경제 용어 사전』을 지도서가 인용)

공정 무역이 아니면 열대 지방 커피 농장들에서는 계속해서 노동력의 착취가 일어나 현지인들의 비참한 생활이 이어질 뿐이라고 강조한다. 그래서 "생산자와 소비자 간의 직거래, 공정한 가격, 건강한 노동, 환경 보전, 생산자의 경제적 독립"을 지원하기 위해 '윤리적 소비 운동'을 시작해야 한다고 촉구한다. 그것이 '공정한' 무역이고 '착한' 무역이며, 우리는 그 '착한' 무역으로 들여온 커피를 선택함으로써 노동자의 임금을 '착하게' 만들어줄 수 있으므로 '착한' 커피가 된다는 것이다. 대체 어디까지 착해져야 하는지 현기증이 날 지경이다. 나무를 베어 만든 펄프로 일회용품을 만들어 파는 기업을 가장 환경 친화적이고 산림 녹화를 잘하는 기업으로 포장한 광고가 오버랩된다.

그런데, '착함'을 부르짖는 무역과 농업이 정말로 선하고 착한 것일까?

중간 마진을 줄인다며 산지와 소비지 간의 직거래를 확대할 때, 보이지 않는 문제들이 발생한다. 그중 두 가지는 산지 일자리와 관련된 문제다.

첫째, 중간 단계 유통업자나 중간 단계 생산을 담당하는 기업들에서 일하던 사람들의 일자리가 온데간데없어진다. 직거래로 농장 노동자의 임금은 조금 착해질지 몰라도, 나머지 다른 일자리들은 완벽하고도 잔인하게 사라지는 것이다.

둘째, 직거래 공정 무역을 하는 농장에서 현재 일하고 있는 노동자들에게는 착한(높은) 임금의 혜택이 주어지지만, 그 대신 진입 장벽이 높아져 결과적으로 일자리를 줄인다. 또 착한 커피를 지지한다며 노동력을 착취한다고 알려진 농장의 커피를 불매(보이콧)할 경우, 그 공장에서 일하던 노동자 대부분은 낮은 임금이나마 받던 일자리를 잃고 구걸·성매매·마약 운반 등 더 비참한 생활로 떠밀려가야 한다.

이것이 사람 잡는 '착한' 무역의 실상이다. 열악한 근로자를 더욱 비참하게 만든 과도한 최저 임금 인상, 주 52시간 근로제의 데자뷔다.

또 다른 문제는 시장의 교란이다. 직거래는 노동자의 임금뿐 아니라 농장주의 이윤도 증가시키므로, 농장들은 앞다투어 커피·카카오·사탕수수·고무 등 공정 무역 작물로 갈아탄다. 수요 공급의 원칙에 따라 다양한 작물을 재배하던 농장들이 단일 재배로 돌아서는 것이다. 이렇게 갑자기 많아진 농장들에서 쏟아져 나오는 농산물을 '착한'

직거래 기업들은 다 소화하지 못한다. 단일 재배는 결국 가격 불안정을 가져오고, 흉작이라도 발생하면 치명적인 소득 감소로 이어진다.

과거에 선진국 자본이 투입되어 '착취'했다는 플랜테이션도 오늘날은 현지인이 직접 경영하는 경우가 많고, 다각 경영으로 이전하는 현상도 많이 나타나고 있다. 선진국의 착취는 이미 없는데 여전히 '선진국 대 후진국'의 갈등 구조를 부각시키며 공정 무역을 주장하는 것은 시대착오적이고 왜곡된 시각이다.

착해져야 하는 것이 노동자들의 임금만은 아닐 것이다. 그러나 도대체 어떤 기업이 '착한' 기업이고, 무엇이 '착한' 생산물인가? 보기로 든 커피는 '착함'의 문제가 아니라 수요 공급의 균형 가격을 찾아가는 시장 메커니즘으로 설명해야 그림이 더 잘 그려진다. 무역도 가격도 커피도 착한 척하는 세상보다, 일자리가 끊이지 않고 생기는 세상이 진짜 착한 세상 아닐까?

이번 주 수업은 바스티아(Claude-Frédéric Bastiat)의 『법』(김정호 옮김, 자유기업센터, 1997)에 나오는 구절로 시작해야겠다.

> 당장 눈에 띄는 효과에만 사로잡혀, 두고두고 나타나는 결과를 생각하지 않는 사람은 대개 고약한 습관에 탐닉하게 된다. ('보이는 것과 보이지 않는 것')

당장 눈에 띄는 것만 보고 행동하는 것이야말로 미숙한 사람들의 특징이니, 하나하나 가르쳐야겠다. 눈에 띄는 '착한' 것에 열광하고 '윤리적인' 것에 동조하지만, 진실은 눈에 보이는 것에만 있는 것이 아니기 때문이다. 하나하나 일러주는 일, 바로 교사의 일이다.

호국 보훈의 달에 현충일 계기 교육

6월이 '호국 보훈의 달'인 걸 모르는 사람은 거의 없다. 심지어 우리 학교가 있는 부산은 6·25 전쟁 때 대한민국을 도우러 참전해준 16개국 용사들을 기리는 유엔기념공원(유엔군 묘지)이 있는 곳이다.

그러나 세월은 이상하게 바뀌어 가고 있다. 북한의 남침에 희생된 용사들을 기리는 '호국 보훈'에 '반일'과 '민주화'가 추가되더니, 막상 현충일은 추모조차 하지 않는다. 해마다 이맘때면 교육청이 늘 보내오던 '호국 보훈의 달의 의미를 가르치는 계기 교육' 안내 공문도 올해는 없다.

'전쟁 상태 종식, 평화 정착'이 목전이라며 귀가 따갑게 떠드는 사람들은 아픈 기억을 왜 끄집어내느냐고 하려나? 하지만 일본과의 과거사는 끝까지 들춰내려 하면서, 70년밖에 안 된 가까운 과거는 덮어두자고? 잊을 수도 없고 잊어서도 안 된다.

내일은 현충일. 아이들은 하루 놀 생각에만 들떠 있을 테지만, 그 하루 노는 건 누구 덕분인데? 그래서 현충일 하루 전 6월 5일, 교육청

2018년 6월 '호국보훈의 달'을 알리는 홍보 간판(부산시청앞 광장)(윤서인 제공)

도 외면한 '현충일 계기 교육'을 교사 재량으로 준비해 본다.

우리의 할아버지 할머니가 희생당해야 했던 6·25 전범의 후손인 북한 지도자가 처음으로 국군 의장대를 사열했습니다. 지하에 계신 호국 영령들이 통탄하며 벌떡 일어나실 일입니다. 일본과의 과거사는 잊을 수 없다고 핏대를 올리는 사람들이 우리 젊은이들의 희생에는 침묵했습니다.

일본의 35년(정확히는 34년 11개월여) 강점 기간 우리의 사망자는 민간인 포함 23만 명이었습니다. 3년 1개월여에 걸친 6·25 전쟁으로 스러진 청춘은 몇 명이나 될까요? 한국군 사망 13만 8천여 명, 부상 45만여 명, 실종자까지 포함하면 모두 60만 9천여 명입니다. 여기에 유엔군 사망자 5만 8천여 명, 부상자 48만여 명, 실종자와 포로까지 포함해 총 54만 6천여 명. 그리고 민간인 사망자 24만 5천여 명, 학살된 민간인 13만여 명, 부상 23만 명, 납치 8만 5천여 명, 행방불명 30만 3천여 명. 모두 100만 여 명이 피해를 입었습니다(국방부, 군사편찬연구소).

병력과 장비 등 전투 지원 16개국과 병원선·의료진·의약품 등 의료 지원 5개국, 물자를 지원했거나 지원 의사를 표명한 44개국 등 총 63개국이 대한민국을 수호하기 위해 참전했습니다. 바로 우리 부산에 위치한 유엔평화공원이 세계 유일의 유엔 산하 묘지로, 2012년 현재 11개국 2,300구의 유엔군 유해(유엔군에 파병되어 전사한 대한민국 국군 36명 포함)가 안치되어 있지요. 거기 영면 중인 분들 대부분이 22~23세 꽃다운 젊은이로서 이역만리에서 자유와 민주주의를 지키려 산화했습니다.

그것으로 끝나지 않았습니다. 여러분이 태어난 다음만 봐도 2002년 6월 29일 연평도 근해 북방한계선(NLL) 부근 해상에서 남북한 간의 군사적 충돌, '제2 연평해전'이 있었지요. 대한민국 해군 고속정에 대한 북한 해군 경비정의 기습 공격으로 시작되어 30분가량 진행된 전투에서 양측 모두 손실을 입었습니다. 북한군의 선제공격을 당한 대한민국 해군의 참수리 357호는 교전 후 예인 도중 침몰했고, 정장(참수리급은 150톤급으로 '함'이 아닌 '정')을 포함한 승무원 6명이 전사하고 19명이 부상당하는 피해를 입었지요.

2010년 3월 26일에도 백령도 해상에서 대한민국 해군 초계함인 천안함이 북한의 어뢰에 폭침되는 사건이 일어났습니다. 사건 발생 직후 출동한 인천해양경찰서 소속 해안 경비정에 의해 천안함 승조원 104명 중 58명은 구조되었으나 나머지 46명은 실종되었고, 이후 수색과 인양 작업이 진행되어 약 한 달

6·25 전쟁에 참전해 22세로 전사한 터키 병사의 묘비(부산유엔기념공원)

뒤인 그해 4월 24일 17시 기준 실종자 40명이 사망자로 추가 확인되고 6명은 끝내 실종자로 남았습니다.

이런 희생을 딛고 우리는 살아왔고 지금 살아가고 있습니다.

해마다 6월이면 잊을 수 없는 아픔들에 조용히 옷깃을 여미게 됩니다. 감사를 모르면 사람이 아니라 했습니다. 철학자 산타야나는 "과거를 기억하지 못하는 자는 그 과거를 되풀이하는 저주를 받는다"고 했습니다. 아픔을 반복해서는 안 되지만, 섣부른 평화 타령이 가져올 또 다른 위험이 그간의 희생을 물거품으로 만들지 않을까 걱정됩니다.

우리는 전쟁의 반대가 평화는 아니라고 배웠습니다. 어떤 이들이 주장하는 평화란 노예 상태를 강요할 뿐이지요. 노예 상태가 어떻게 평화일 수 있겠습니까? 우린 지금 어떤 역사를 되풀이하려는 것일까요? "평화를 원하거든 전쟁을 준비하라"라는 말이 요즘처럼 다가오는 때도 없습니다.

내일은 집에서 다같이 조기(弔旗)를 걸자고 손가락 걸고 약속하고, 그렇게 현충일 계기 교육을 마무리했다.

친일과 반일 사이

여름 방학 전후해서부터 전국에서 일본 상품 불매 운동이 달아오르고 있었다.

오늘은 방학식 날.

“방학 중에 해외여행 계획하고 있는 사람? 날짜랑 행선지랑, 누구랑 가는지 미리 말하고 가세요.”

한 아이가 쭈뼛쭈뼛 손을 반만 들고 나를 빤히 바라본다.

“선생님, 가족 여행 가는데요…… 저기…….”

더 말 안 해도 무엇 때문에 눈치를 보는지 척 알 수 있었다.

“그래, ‘가까운 데’ 가는 모양이구나? 좋겠다! 잘 다녀오렴.”

아이의 표정이 한결 밝아졌다.

우리 부산은 대한민국에서 일본과 지리적으로 가장 가까운 곳이다. 어쩌자고 방학에 바로 옆 나라에 가족 여행 가는 얘기 하면서 남들의 눈치를 봐야 하는지, 아이들을 조심스럽고 주눅 들게 만드는 것은 누구의 잘못인지, 가슴이 답답해온다.

사실 일본과의 '감정' 대립이 불거지기 시작할 때 마침 우리는 일본과 관련된 수업을 하고 있었다. '불매 운동'을 검색하면 수많은 사례와 욕설 가까운 이야기들이 검색 화면을 도배할 때다. 일본을 그렇게 증오하게 된 것은 오로지 일본의 잘못 때문이라고들 이야기한다. 우리를 식민지로 정복하고 짓밟아서, 우리 젊은 처녀들을 끌고가 성노리개로 던져서, 사람들을 강제로 끌어가 노동자로 부려먹고 배상도 해주지 않아서, 우리에게 무역 보복을 해서……. 그래서 일본은 밉고 이가 갈리고 열 받게 하는 나라라고 한다.

한 눈은 감고 한 눈만 뜬 채, 국가 대 국가의 관계를 감정적으로만 몰아가는 현상을 조금 더 차분하게 따져보는 수업을 마련했다. 다음은 신문 자료를 이용해서 한 발표 토론 수업의 일부다. 아이들이 궁금해 하는 것은 스스로 자료를 찾아보게 했고, 제대로 찾지 못한 부분에는 약간의 도움을 주었다.

역사란 시간뿐 아니라 '시각'의 축적

먼저, 강제 징용 배상 문제.

우리나라 대법원은 강제 징용을 실시한 신일본제철의 국내 자산을 압류하라고 최종 판결을 내림으로써 한국 국민들의 손을 들어주었다. 이에 일본은 과거 '한일 청구권 협정'으로 이미 끝난 사안이므로 판결을 납득할 수 없다는 뜻을 한국 정부에 전달한다. 우리는 행정부가 사법부의 판단에 관여할 수 없다면서 대법원의 판결에 따르겠다고 응수했다.

일본은 이를 국가 대 국가 차원에서 쉽게 납득하기 어려웠을 수 있다. 왜냐하면 2005년 노무현 대통령 시절 '1965 한일협정 연구 관련 민관위'(위원에 이해찬·문재인 포함)에서 논의한 결과, "1965년 합일협정에 개인 청구권은 포함되어 있지 않더라도 명부 등이 불완전하여 당시에 실행하기 어렵고, 한일협정 당시 일본 정부가 3억 달러를 지원한 것에 강제 징용 내용이 포함되었다"는 것으로 해석했기 때문이다. 그래서 노무현 정부가 피해자들에게 6,184억 원을 지원(이해찬·문재인 서명)함으로써 '배상'이 이루어졌다고 볼 수도 있었다.

물론 이에 대해 이견이 있을 수 있고, 이로 인해 우리 사회가 지금 분열의 골이 깊어져가고 있음도 지적해주었다.

아울러, '배상'인지 '보상'인지도 따져보게 해줘야 했다. 손해 '배상'은 위법한 행위로 발생한 손해를 채워주는 것이고, 손실 '보상'은 적법한 사유로 생긴 손해나 손실을 채워주는 것이다. 한일협정 당시 일본이 우리에게 한 것은 '배상'일 뿐 개인에게 '보상'은 하지 않았다는 것이 그래서 논점이 되었지만, 그 또한 간단한 문제는 아니라는 것도 일러주었다.

다만 중요한 것은, 그 '협정'이 국가 대 국가의 합의였다는 것과, 그에 따르면 이미 종료된 사안인 점은 주목시켜야 했다. 정권이 바뀌면 뒤집힐 수 있는 문제가 된다면 국제 사회에서 국가 신뢰도에 치명적인 손상을 입게 될 것이기 때문이다. '정권이 바뀌면 국가 간의 협약도 뒤집을 수 있는 나라'로 지목된다면 앞으로 그 어떤 나라가 우리나라와 중대한 협상이나 협의를 하려고 하겠는가? 그러고 보면 역사란 지나간 '시간'과 '사건'뿐만 아니라 '시각'의 축적이기도 하다는 생각이 든다.

다음, 당장 뜨거운 감자가 되고 있는 불매 운동.

'깨진 약속'에 어느 쪽 잘못이 먼저인지 미처 생각할 겨를도 없이 감정에 먼저 불이 붙었다.

'네가 감히 보복을? 역사 청산도 없이? 그럼 나도 좌시하지 않겠다. 너희 물건 안 사!'

이렇게 시작된 불매 운동이다. 그래서 일본 여행도 안 되고, 일본 물건도 안 된다고, 누가누가 애국심이 강한지 경쟁이라도 하는 모양새가 되었다. 아이들 장난이 아니라 어른들이 앞장서서.

왜 우리가 식민지가 되어야 할 만큼 나라는 허약했으며, 그로 인해 국제 관계의 소용돌이 속에서 결국 다른 나라의 식민 지배를 받아야 했는지, 먼저 치욕스럽게 생각하고 절치부심했어야 한다. 과거사가 부끄러울수록 미래를 어떻게 이끌고 나가야 할지 시선을 앞으로 돌려야 하거늘, 불매 운동은 뼈를 깎는 반성은커녕 분노에 머물러 과거에서 한 발짝도 앞으로 나가지 못하는 행태다.

사실 동북아에서 자유시장 경제 질서를 지키며 우리와 대화하고 수준을 맞출 수 있는 나라래야 일본과 대만 정도다. 대만은 현재 우리와 공식적 외교 관계를 수립한 나라가 아니므로, 아시아에서 우리와 격이 맞는 외교를 할 자유민주·시장경제 국가는 일본이 유일하다. 그런 나라를 적으로 간주하여 계속 날을 세우고 불편한 관계를 유지할 텐가?

과거의 꿈 깨고 미래를 꿈꿀 때

작년 이맘때 일본 도쿄의 야스쿠니 신사를 가보았다. 거기 역사박물관에서 그들의 '시각'으로 꾸며놓은 역사를 보았고, 침략을 정당화하려는 그들의 무서운 노력을 보았다. 그들은 오래전부터 국제 정세를 읽고 있었고, 그 국제 정세가 자신들을 어떻게 몰아가는지 느끼고 대응하고 있었다는 것을 읽을 수 있었다. 한국 한 나라를 신경 쓰는 것이 아니라 전 세계를 향해 비상할 준비를 하고 있는 것이 보였다. 두려움과 부러움이 함께 일었다.

일본을 터부시하고 악마로 몰아간다고 우리가 승리자가 되고 천사가 될 수 있을지? 정말로 일본을 넘어서고자 한다면 지금은 무턱대고 거부하고 원수로 만들 때가 아니다. 일본은 미래를 바라보며 꿈꾸고 있는데 우리는 과거의 꿈에서 깨어나지 못한다면, 일본의 미래는 커녕 현재도 영원히 따라잡을 수 없겠기에.

한 나라의 국력은 경제력과 국방력으로 대략 가늠할 수 있다. 우리

한국·일본·북한 주요 경제 지표 비교

	일본	대한민국	북한
인구(명)	1억 2,680만	5,147만	2,549만
GDP(달러)	4조 8,720억	1조 5,310억	368억
면적(㎢)	377,973	100,210	120,538
GNI(달러)	5조 7,650억	1조 969억	300억
1인당 GNI(달러)	45,470	38,260	1,200

출처: 세계은행(World Bank) 2018년 발표자료

한국·일본 국방력 비교

한국	일본
국군 총 병력 약 60만 명	자위대 총 병력 약 25만 명
공군 전투기 약 410대	항공자위대 전투기 약 330대
해군 함정 총톤수 약 192,000톤	해상자위대 함정 총톤수 약 462,000톤

출처: 「국방백서 2018」(국방부), 「The Military Balance 2018」(국제전략문제연구소)

와 일본, 그리고 북한을 비교한 통계를 잠시 살펴본다.

일본의 경제 규모는 국내총생산(GDP) 3.2배, 1인당 소득(GNI) 1.5배로 우리를 훨씬 능가한다. 그런 나라가 이웃이다. 그렇다고 비굴하게 굽신거릴 만큼 우리의 위상이 낮지도 않다. 그런 이웃과 우리가 할 일은 협력을 통해 '윈윈'을 도모하고 시너지를 발생시키는 것 아닐까?

외교는 국토를 안전하게 만들고 시장을 확장하여 경제 영토를 넓히는 국가의 작용이다. 외교력은 국방력에서 비롯되며 막강한 군사력은 한편 외교력이 뒷받침하는 것이니, 그 둘 사이의 관계는 닭과 달걀

과도 같다.

최근의 전쟁이 항공모함을 중심으로 한 해군력과 공군력이 주를 이룬다고 본다면 일본의 군사력은 무시할 수 없는 수준임을 알 수 있다. 게다가 미국이 혈맹을 자처하며 뒤에서 버티고 있다. 이런 이웃과 어떤 관계를 유지해야 하는지도 충분히 생각해볼 만하다는 말로 수업을 마쳤다. 묵은 원망(怨望)은 내가 지고 가고 미래 세대는 원망(願望)을 품게 해주는 것이 기성세대의 도리임을 통감하면서.

극일과 탈빈곤의 아이콘 박정희

박정희 전 대통령은 이승만 전 대통령과 더불어 우리 역사에서 가장 엇갈리는 평가를 받는 인물이다. 엇갈리는 평가 속에서 길을 잃지 않기 위해 방학 중 자기연찬 삼아 '박정희 바로 알기' 공부를 해보았다.

극일을 위해 일본을 배우다

나라를 잃고 만주로 건너간 식민지 조선의 두 젊은 청년이 있었다. 한 사람은 일본과 만주국 군대의 일원이 되어 중국공산당을 섬멸하기 위해 싸웠다. 그보다 다섯 살 위인 사람은 중국공산당의 일원이 되어 일본과 만주국을 타도하기 위해 싸웠다.

일제가 패망하자 젊은 쪽은 대한민국의 군인이 되었고, 나이든 쪽은 소련 군인 신분으로 북한에 돌아와 정치 권력을 거머쥐었다. 세월이 흘러, 한 사람은 나라를 부국으로 이끄는 초석이 되었다. 다른 쪽은 나라를 민주주의 지수(Democracy Index) 167개국 중 167위, 언론 자유도(Freedom of the Press) 195개국 중 195위, 정치 권리 및 시민 자유도(Political Right-Civil Liberty) 193개국 중 최악 국가 8개국, 실패 국가 지수(Failed States Index) 177개국 중 15위를 기록하게 하며 '세계 최악의 지도자' 부문에서 177개국 중 2위에 올랐다. 박정희와 김일성 얘기다.

박정희는 대구사범학교 졸업 후 문경보통학교에서 3년간 교사 생활을 하다가 1939년 만주로 가서 1940년 4월 그곳 신경(新京) 육군군관학교에 입학, 1942년 3월 졸업과 동시에 일본 육군사관학교에 편입하고, 1944년 일본 육사를 졸업해 만주에 주둔한 일본군 관동군 635부대에서 견습사관 시절을 겪었다. 군관학교에 왜 왔느냐는 질문에 "왜놈 보기 싫어 왔소"라고 답했다는 박정희. 그렇게 말하는 박정희에게 일본의 영향 아래 있던 신천지 만주국은 조선인이 당시의 선진 문물을 배울 수 있었던 가장 현실적인 창구였고, 보기 싫어도 넘어야만 할 산 같은 것이었다.

당시 관동군 소장이던 선배 홍사익은 박정희에게 이렇게 충고했다.

"학교에서 배울 수 있는 것은 하나도 빠짐없이 다 배워라. 이것저것 가리지 말고, 누에가 뽕잎을 갉아먹듯이 모든 것을 모조리 먹어치워라."

박정희는 이 가르침대로 아시아 지역에서 가장 먼저 선진 문물을 받아들인 나라를 배우고 익혀 끝내는 넘어서려 했다. 이것을 두고 외형만으로 그를 친일파라고 단정하는 것이 옳은 일일까?

일본과 국교를 재개하는 한일 협정(1965)을 체결하기까지의 경과를 보아도 그러하다. 국민 다수는 물론 이승만 대통령까지도 반일 정서에 매몰되어 지지부진하던 협상을 박정희는 단숨에 타결해 전향적인 한일 관계를 만들어냈다. 조약의 일부인 '청구권 협정'을 통해 당시 일본 정부 예산에 대비해 만만치 않은 약 8억 달러의 자금을 받아냈다. 이 돈이 우리 경제 발전의 종잣돈 역할을 했음은 다 아는 사실이다. 지금 하려고 해도 쉽지 않았을, 한일 관계를 궤도에 올려놓은, 일본을 이용할 줄 아는 '용일(用日)'의 지도자였다.

역사의 평가는 '역사적 맥락' 안에서

박정희를 독재자로 부르기 전 반드시 알아야 할 사실은, 그의 행위들을 당시의 '역사적 맥락' 안에서 보아야 한다는 것이라고 한다. 강의에서 들은 이야기를 그대로 옮기면,

"공도 있고 과도 있다는 식의 평가는 사실 쓸모없는 평가다. 어떤 역사적 인물인들 그렇지 않겠는가. 그것은 '모든' 인간의 공통된 보편일 뿐이다. 역사적 인물을 평가하는 가장 중요한 준거는 '역사적 맥락'이어야 한다. 공과를 모두 따지자는 평면적 논쟁이 아니라, 어떤 역사적 과제가 있었으며 그 과제를 두고 '어떤 역할'을 했느냐는 것이다."

'사이다' 같은 강의였다.

4·19 혁명 후 발족한 '민족통일전국학생연맹(민통련)'(후에 1985년 발

족한 '민주통일민중운동연합'과 구별) 등 학생 운동은 '식민지·반(半)식민지 해방과 민족 통일'을 기치로 내걸었다. 4·19는 부정 선거에 항거해 '시민 정의'를 기치로 일어난 운동이다. 그렇다면 4·19 정신을 계승하는 학생 운동의 지향점은 '민주 시민 사회, 자유민주'여야지, 어떻게 '민족' 통일이 될 수 있겠는가?

학생 운동이 내건 민족 통일이란 이후의 6·3 사태(1964), 서울대 민족주의비교연구회(민비연) 사건(1965), 동베를린(동백림) 사건(1967) 등에서 보듯 '북한 주도의 통일'과 맥이 닿는 주장이다. 남침 전쟁으로 민족의 가슴에 총부리를 겨누고, 1969년에는 '박정희의 목을 따러' 무장 공비를 밀파한 그 집단이다. 미국의 닉슨 독트린은 그 집단에게 자칫하면 '잘못된 신호'를 보낼 수도 있었다.

4·19와 5·16부터 유신까지, 당시 긴박하게 돌아가던 정세 속에서 이루어진 선택을 지금의 잣대로 보아 '과'로 낙인찍는 것은 역사에 대한 몰이해에서 비롯된 것이라는 요지였다.

경쟁 원리를 안 '창조 경제' 원조

박정희는 경쟁 원리를 가장 잘 아는 시장주의자였다. '한강의 기적'은 박정희의 원조 '창조 경제'가 있어 가능했다.

박정희 집권 직전인 1960년부터 서거 후 10여 년 지난 1990년까지 30년 사이에 한국은 농경 사회에서 산업 사회로 산업 구조가 바뀌었다. 산업에서 농업이 차지하는 비중이 40퍼센트에서 10퍼센트로 줄어들고, 제조업은 15퍼센트에서 28퍼센트로, 제조업 중 중화학공업 비중은 70퍼센트로 늘어났으며, 1인당 GDP는 무려 80배로 성장했다.

박정희의 국가 경제 패러다임은, 될 만한 중소기업을 대기업으로 키워 내는 '기업 부국'이었다. 처음부터 대기업은 없었다. 지금 손꼽히는 대기업들은 다 작은 중소기업으로 출발했다. 박승직상점(1896)과 두산상회(1951)는 두산그룹으로, 삼성상회는 삼성그룹으로, 현대자동차수리소는 현대그룹으로 성장했다. LG·대우·SK·대한항공도 다 시작은 중소기업이었다.

박정희 시대 경제 발전이 '불균형과 차별'을 불러왔다는 것은 부작용이긴커녕, 시장의 원리를 누구보다도 잘 이해한 지도자의 탁월한 진면목을 보여준다. 박정희는 시장의 경쟁 원리를 가장 잘 아는 지도자로서 '정치 민주화'와 '경제 민주화'를 분리할 줄 알았다. 새마을운동을 전개하면서 성과 목표를 가장 먼저, 많이 달성한 마을에 추가 지원을 한 사례만 보아도 경쟁과 자유를 존중한 면면을 엿볼 수 있다.

치열한 경쟁에는 자유가 관건이다. 박정희는 경제에서 자유를 보장해 성과를 이끌어냈다. 그러나 당시의 상황에서 경제 자유를 보장하기 위해 역설적으로 정치에는 강력한 억제의 드라이브를 걸어야 했다.

지금 박정희를 비판하는 사람들은 정치·경제 할 것 없이 오직

'민주화'만이 시대의 요구이고 정의라 착각한다. 그러나 민주화해야 할 것은 정치이지, 시장과 경제가 민주화의 대상일 수 없다. 박정희에 대한 오해는 정치를 민주화하듯 경제도 민주화해야 한다는 착각에서 시작된 것이다. 박정희는 불평등이 발생하면 그것을 줄여가도록 지원하는 쪽으로 문제를 해결해야지, 불평등을 안 생기게 하겠다는 것은 옳지 않다고 생각했다.

빌어먹던 나라에서 벌어먹는 나라로

어떤 지도자를 만나느냐에 따라 나라의 운명이 어떻게 갈리는지, 그림 두 장이 극명하게 보여준다. 하나는 야간의 한반도 위성 사진, 또 하나는 실시간으로 한반도에서 이착륙하는 항공기 노선 수(우리나라 항공기와 코드셰어하는 항공사 포함)를 비교한 그림이다. 밤의 명암 대비와, 지금 이 순간에도 대한민국의 공항에서 뜨고 내리는 비행기 대수를 보자(우리나라 항공기와 코드셰어하는 비행기 노선 포함). 북한은 지금 이 시각, 한 대도 없다.

오늘의 북한을 있게 한 것은 누구인가? 오늘의 대한민국이 있게 한 것은 또 누구인가?

박정희, 그는 먹을 것이 없어 말 그대로 굶어 죽는 사람이 있던 시절을 벗어나게 한 지도자다. '빌어먹을' 수밖에 없었던 국민을 이끌어 '벌어먹고' 살게 하고, 도움 받던 나라에서 도움 주는 나라로 만든 지

(위) 위성 사진에 잡힌 한반도 야경
(아래) 대한민국 공항에서 이착륙하는 항공사 노선(flightradar24 캡처)

도자다.

역사를 잊은 민족에겐 미래가 없다. '박정희 성공 신화'야말로 우리가 미래를 위해 잊지 말아야 할, 사실 그대로의 역사다.

달디단 유혹, 광장 민주주의

대도시의 거리들이 촛불로 뒤덮이는 주말을 겪으며 해가 바뀔 때쯤 학교들은 겨울 방학에 들어갔다. 학교는 단단히 주의를 주었지만, 우리 학교에서도 방학은 물론 학기중에도 주말에 몰래 촛불 대열에 합류한 아이들이 있었을 것이다. 선생님들도 다수 나가면서, TV나 신문 보면 아기 무동 태우고도 나오는데, 피 뜨거운 이 아이들을 어떻게 말릴 수 있으랴.

'국민이 나라의 주인이다!'

민주주의란 '국민이 주인인 정치'라고 말하는 아이들. 눈만 뜨면 광장에 쏟아져 나오는 국민들의 모습을 보며 아이들은 광장 정치가 민주주의의 전부라고 생각하고, 촛불을 치켜든 광장의 '혁명'이 시민이 쟁취한 민주주의의 승리라고 말하기에 이르렀다

나는 오랫동안 '미디어를 활용한 수업'으로, 매 시간 2명씩 신문 기사 위주로 '근거 자료'를 준비해 온 후 각 3분 동안 자기 생각을 말

하게 하는 '3분 스피치'를 운영해왔다. 사회에서 실제 벌어지고 있는 현상이 사회과 교실로 들어와 생동감이 넘치며, 교사와 학생들이 살아 있는 지식을 나누며 교감할 수 있는 의미 있는 수업이다.

그러나 '탄핵 정국' 겨울은 균형을 유지하려는 어떤 말도 학생들에게 먹혀들지 않았다. 모든 신문이 천편일률로 탄핵 관련 기사를 쏟아내고 있었고, '3분 스피치' 자료도 자연히 탄핵 일색이었다.

"최○○은 죽여야 돼요."

"박○○가 빨리 뒈졌으면 좋겠어요."

내가 엊그제까지 본 그 아이들 맞나 싶을 정도로 아이들의 막말은 거침이 없었고, 느낌과 바람을 날것 그대로 표출하는 것이 민주주의라고 여기는 듯했다. "법에 정해진 심판을 받기 전에 정치 지도자에 대해 사법 처리를 하는 것은 옳지 않으며, 소위 '국민정서법'으로 유무죄를 결정하는 것은 마녀사냥에 다름 아니다"라고 말했더니 화장실 벽에 "조윤희는 박빠"라는 낙서가 등장하기도 했다. 아이들에게 신뢰를 얻지 못했다는 자괴감을 억누르며 그래도 매번 차근차근 사례와 비유를 들어 납득시키려 애쓰면서 간신히 한 학기를 마무리했다.

사회과 중 『법과 정치』 교과서는 우리나라의 민주 정치를 다음과 같이 간추려 설명한다.

우리나라의 대통령제는 의원내각제 요소를 가미하는 한편, 대통령의 권한을 강화한 권력 집중형 정치 제도의 성격을 지닌다. 흔히 한국형 대통령제라 불리는 현행 정부 형태는 국무총리제, 국무회의제, 법률안 제출권 등과 같은 의원내각제 요소를 가미하고 있으면서 동시에 대통령 임기 5년 단임제, 긴급명령권 등과 같이 일반적인 대통령제와는 다른 요소를 지니고 있다.

(……) 국민의 대표 기관인 의회가 제정한 법률에 기초하여 국가 권력이 행사되는 대의민주제를 채택하고 있다. 우리나라도 "대한민국의 주권은 국민에게 있고, 모든 권력은 국민으로부터 나온다"(헌법 제1조 제2항), "입법권은 국회에 속한다"(제40조), "국회는 국민의 보통·평등·직접·비밀 선거에 의하여 선출된 국회의원으로 구성한다"(제41조 제1항)라고 헌법에 규정하여 대의민주제 원리를 따르고 있음을 분명히 하고 있다.

(……) 우리나라는 참여형 정치 문화를 지향하는 가운데 더욱 성숙한 민주 정치를 만들어 갈 수 있을 것으로 기대된다. (……) 참여 과정에서 나타나는 대립과 갈등을 합리적이고 민주적으로 해결할 수 있는 능력을 갖추어야 한다. 서로 다른 의견은 숙고와 토론, 그리고 타협을 통해 조정되어야 한다. 토론은 자신의 견해를 설득력 있게 주장하는 것이지만, 더욱 더 중요한 것은 나와 다른 타인의 견해도 하나의 의견으로서 존중해야 한다는 것이다. 정치 과정에서는 하나의 결론을 내기 위해 다수결의 원칙을 적용하여 다수가 원하는 쪽으로 결정을 내리는 것이 일반적이지만, 민주 정치는 소수 의견에 대한 관용과 배려, 그리고 대화와 설득이 이루어질 때 발전할 수 있다.

우리나라는 대부분 나라들과 마찬가지로 대의제 민주주의를 근간으로 하고 직접민주주의의 요소를 보충적으로 도입하고 있다. 대표적인 직접민주제 요소는 국가 중대사에 관해 직접 국민에게 찬반을 묻는 '국민 투표'와, 선출직 지방자치단체장과 지방자치의원을 주민 투표로 파면하는 '주민 소환'이다. 이 중 국민 투표를 규율하는 '국민투표법'은 재외 국민의 투표권을 제약한다는 이유로 헌법재판소에서 '헌법 불합치' 결정을 받아 효력이 정지되었다. 국회에서 이에 따른 후속 입법을 아직 하지 않아 현재 우리나라는 잠정적으로 국민 투표를 할 수 없는 상태다. 최근에는 국회의원을 소환할 수 있는 '국민 소환'과, 국민이 직접 헌법 개정을 제안하는 '국민 개헌 발안' 등 직접민주제를 확대하는 헌법 개정 논의가 간간이 표면화되고 있다.

'대의민주제의 문제와 한계'를 극복하기 위한 방안으로 교과서가 제시하는 대표적인 것은 탈원전 결정 때 본 것 같은 '숙의(심의) 민주주의'다. 그러나 2016~2017년의 '촛불과 태극기'는 이 모든 제도와 방안을 무색케 하는 것이었다. 촛불을 곱게 보지 않는 사람들까지 태극기를 들고 길거리로 나섬으로써, '광장 민주주의가 진짜 민주주의인가?' 하고 의문을 제기할 명분도 없어져 버렸기 때문이다.

전 대통령이 헌법재판소 '결정'으로 파면되고 현 대통령이 '선거'에 의해 선출된 것을 '촛불 명령'이라 왜곡하는 반헌법적 발언을 서슴지 않는 사람들이 권력을 잡았다. 아직은 균형을 잃지 않고 있는 교과서가 다음 개편 때는 어떻게 바뀔지, 생각만 해도 몸서리가 쳐진다.

경쟁 없는 교실엔 경쟁력이 없다

우수한 학생들을 만나 그 학생들을 가르치고 또 그 아이들의 성장과 변화를 지켜보는 것은 교사 된 이의 큰 기쁨이자 보람이다.

올해도 어김없이 부산 지역 우수 학생들의 면접을 지원하기 위한 교육청 프로그램에 참여하였다. 물론 사교육에는 그런 프로그램들이 차고 넘치지만, 부산 지역은 어떤 사교육 못지않게 특화된 논술·면접 공교육 프로그램이 실시되어 왔다. 프로그램의 격과 품질은 '시장'을 통해 이미 어느 정도 검증되었다고 자부한다. 나를 포함해 수십 분의 현직 교사들이 참여해 인문·자연 계열을 아우르고 매번 강의 평가를 피드백하여 내용을 업그레이드해왔다. 논술과 면접이라는 레드 오션에서 10년 넘도록 도태되지 않고 살아남았다면 알 만하지 않은가.

자화자찬은 이쯤에서 접고, 내용 일부를 들여다보자.

학생들은 제시문(아래 소개할 것이다)이 있는 '심층 면접'과, 생활기록부와 자기소개서 등을 토대로 '인성 모의 면접'을 한다.

생활기록부에 빼곡한, 3년간 공들인 성과들은 교사가 보아도 혀를 내두를 정도다. 내신이면 내신, 비(非)교과 스펙이면 스펙, 독서 활동도 어마어마하다. '저 어려운 책을 이 고등학생이 다 읽었단 말인가!' 하고 내심 탄성을 지르기 일쑤다.

그러나 그것만 갖고는 우리 프로그램에 올 수 없다. 결정적으로 학교장 추천까지 받은 학생만 올 수 있는 것이 우리 프로그램이다.

잘하는 게 죄스러운 아이들

모의 면접. 앞에 앉은 학생에게 첫 번째 질문.

"장래 희망이 무엇입니까?"

"CEO가 되려고 합니다."

"경영의 목표는 뭐라고 생각합니까?"

"노동자의 평등한 권리를 되찾아주는 것이라고 생각합니다."

재작년엔가는 한 학생에게 "기업의 목표가 뭐라고 생각하느냐?"고 물었더니 "기업 이익의 사회적 환원"이라 대답해서 기함을 하게 만들더니, 이번엔 CEO가 '노동자의 평등한 권리'를 위해 존재한다고!

이런 식으로 아이들은 '기업의 목표' '경영의 목표'를 묻는 질문에 천편일률적으로 '정의롭고' '공명정대'한 답변을 쏟아냈다.

다시 질문한다.

"학생이 이 프로그램에 참여하느라 그간 애쓴 흔적들을 보았습니다. 대단한 경쟁력이더군요. 스스로 생각하기에 학생의 경쟁력은 무엇이라고 생각합니까?"

"혼자 잘하려 하지 않고 친구들과 늘 함께하려고 노력한 결과가 좋은 평가를 받은 것 같습니다."

우리 사회에서는 경쟁에서 이기려 한다는 것은 곧 비인간적이고 몰인정하며 몹쓸 인성으로 치부된다는 강박이 어느새 뇌리에 박힌 듯했다. "나는 경쟁에서 최선을 다했으며 그 경쟁이 공정했기에 나는 당당하다"고 말하는 법을 배우지 못한 아이들이 태반이다.

같은 학생에게 계속 질문.

"그러면, 학교에서 함께한 친구들 모두 이곳에 오고 싶었을 수도 있었을 텐데 함께 오지 못했네요? 학생은 그럼, 학생만 여기 참가시켜준 선생님들께 뇌물이라도 주면서 뽑아달라고 했나요?"

학생은 당황하며, 아니라고 강력히 부정했다.

"학생이 여기 올 수 있었고 꼭 여기에 와야 했던 이유는, 객관적 기준으로 공정하게 평가한 결과 다른 학생들보다 우수하다고 인정받았기 때문 아닌가요?"

"…… 맞습니다."

"그게 바로 학생의 노력의 결과고, 학생의 경쟁력 아닙니까?"

학생은 조용히 듣고 있었다. 나중 피드백 시간에, "선생님이 보기엔 네가 얼굴이 예쁘거나 마음이 착하다는 이유만으로 여기 올 수 있었던 건 아닌 것 같고, 실력이 있기 때문인 것 같은데? 치열하게 경쟁했고, 그 경쟁에서 공정한 기준이 작동했고, 네가 거기서 이겼기 때문에 온 거 아니야?"라고 말해주니 학생도 수긍했다.

'경쟁력 있다' '경쟁에서 이겼다'라는 말은 불편해 하면서 '(너의) 실력'이라는 말에는 거부감이 없는 이 아이들은 분명, '경쟁은 좋은 것' '치열한 경쟁이 공정한 것'이라고 배운 적이 없는 듯했다.

사실 많은 교사들이 경쟁은 인성을 파괴한다고 가르치고 있다. 경쟁은 당당하게 자신을 드러내려고 하는 노력이며, 경쟁에서 선택되는 것이 바로 땀과 노력을 인정받는 순간이라고 가르치지 않았다. 그러니 학생들은 '경쟁력이 있다'라는 말은 비인간적이고 몰인정하다는 말과 등치되도록 세뇌된 것이다. 공부를 열심히 잘하고, 남보다 덜 자고, 노는 시간도 아껴가며 실력을 쌓은 아이들일수록 "네가 경쟁에서 이겼다"는 말에 죄책감을 느낀다면, 이 땅의 교육은 잘못되어도 한참 잘못되어가는 것이다.

교과서에서부터 실종된 경쟁

실제 학생들이 배우는 사회 교과서에서부터 '경쟁'은 실종돼 있다.

나는 '2009 개정 교육 과정'의 적용을 받는 고 2·3 사회 교과 중 사회문화를 가르치고 있다. 2007 교육 과정까지는 '경쟁'이 있었지만, 2009 개정 교육 과정에서부터 누락됐다. '삭제' 대신 '누락'이라고 하는 것은, 마땅히 있어야 할 것이 없어진 데 대한 상실감 탓이다.

2007 교육 과정에 따른 사회문화 교과서에서는 '사회적 상호작용'

단원에서 경쟁을 다루었다. 사회적 상호작용에는 '협동·경쟁·갈등'의 세 가지가 있고, 그중 경쟁을 "동일한 목표를 상대방보다 먼저 달성하기 위해 각자 노력하는 상태"라 정의하고, "규칙을 지키지 않는 경쟁이 갈등으로 전환될 수 있다"고 서술하고 있었다. 경쟁의 사례로 스포츠 경기를 들면서, 규칙이 지켜지는 운동 경기는 "적절한 경쟁적 상호작용을 하는 좋은 통로"의 사례가 된다고 했다. 그러던 것이 2009 개정 교육 과정으로 개편되면서 '상징적 상호작용의 유형'에서 '경쟁'만 누락된 것이다. 만약 경쟁이 바람직하지 않은 것이라면, 더 바람직하지 않은 '갈등'은 왜 남겨두었는지?

아닌 게 아니라 경쟁 하면 흔히들 약육강식, 강자를 대변하는 장(場), 인간 소외, 삭막함, 비인간화 등 인성을 팍팍하게 만드는 부정적 단어들부터 연상하면서 경쟁이 마치 인성 교육을 망치는 주범이기라도 한 양 몰아가기 일쑤다. 경쟁 자체가 문제인가, 부당한 경쟁이 문제인가? 경쟁이 사라지면 우리 사회는 어떤 모습이 될 것인가? 이런 문제에 대한 사려 깊은 성찰은 없이 "경쟁과 대립의 결과가 불평등한 현상"이라고 서술되어 있을 뿐이다. 경쟁이란 강자만을 배려하기 위한 것이며, 경쟁에서 이기는 승자는 약자를 지배하므로 악하고, 약자는 피해자가 된다는 식의 왜곡과 오해만 남았다. 노력과 땀의 가치를 인정받을 가장 중요한 기회인 경쟁은 사회적 불평등으로 이끌 뿐이라며 비난의 대상이 되고, 운(運)과 '부모 찬스'가 도리어 중요하고도 공정한 기준이 되어버렸다. 피해자인 약자를 보호할 국가의 개입이 정당화되고, 그에 따라 국가의 역할이 중요해진다.

이처럼 경쟁이 마치 '영합(零合, 제로섬)'의 게임인 듯 생각하는 사람이 많지만, 경쟁은 사실 양합(陽合, 포지티브섬) 또는 '윈윈'의 게임이고, 그 기초를 도덕에 둔다. 경쟁은 억압과 달리 다른 사람을 강탈하지 않고 노예처럼 다루지 않겠다는 약속에 기초하며, 이를 지키지 않으면 시장에서 퇴출될 수 있다는 전제 위에 존립한다. 이러한 경쟁이야말로 좋고 아름다우며 가장 공정한 기회를 제공한다는 내용은 이제 교과서 어디에도 등장하지 않는다. '정정당당한 스포츠 경기'와도 같은 경쟁이 주요 사회적 상호작용의 하나라는 것을 교과서에서 배울 기회가 사라짐으로써, 공정한 기준에 근거한 정당한 경쟁이야말로 우리 사회를 발전과 성장과 진보와 진화로 이끈 견인차였다는 역사적 진리를 아이들이 배울 기회가 원천 봉쇄되었다.

토론 수업으로 되살리는 경쟁의 참뜻

학교에 돌아와, 우리 아이들의 '경쟁' 이해를 토론을 통해 이끌어내 본다.

"교과서 150쪽 '사회 불평등 현상' 봅시다, 여러분. …… 어때요? 이렇게 온갖 불평등이나 유발하는 경쟁 따위는 없어지는 것이 나은 것 아닌가요? '경쟁은 사라져야 하는가?' 이 주제로 토론 대회를 한번 해볼까?"

아이들은 이구동성으로 좋다며 난리다. 시험으로 줄 세우는 것도 불만, 살벌한 경쟁으로 좋은 등급 못 받는 것도 불만……. 바야흐로 아이들의 볼륨이 최대치로 증폭될 참이었다.

'토론왕'을 위해 상품까지 내걸었다. 아이들이 좋아하는 '비싼' 바나나 우유와 '안 비싼' 우유 두 통, 세 가지를 사서 교탁 위에 올려놓고, 토론왕이 그중에서 선택할 권한이 있다고 말해주었다. 아이들은 바나나 우유가 제 것이라고 제각기 호언장담하며 토론에 들어갔다.

경쟁을 지지하는 쪽은 "경쟁이 사라지면 더 좋은 것을 만들 유인이 사라지며, 좋은 제품이 더 이상 개발되지 않는다"고 했다. 인류의 진보와 사회 진화는 경쟁의 산물이고, 선택할 자유는 경쟁의 열매라고 주장했다. 획일을 방지할 수 있는 장치가 바로 경쟁이고, 경쟁이 사라지면 평화롭고 평등한 세상이 올 것 같지만 인간의 '게으름과 가난의 평준화'만이 돌아올 뿐이라고 마무리했다.

경쟁을 반대하는 쪽에서는 입시를 앞둔 학생들의 눈높이에 맞게 '치열한 경쟁의 부작용'을 들고 나왔다. 경쟁으로 인한 심적 압박, 루저들의 소외와 갖가지 사회 문제를 경쟁의 역기능으로 제시하며, 사회적 약자를 배려하지 않는 무지막지한 경쟁의 폐단을 강조했다.

경쟁을 지지하는 쪽에서 날카로운 질문이 나왔다. "복제 인간이 아닌 이상 모든 인간이 똑같을 수는 없는 것 아니냐" "경쟁이 불공정해서 일어나는 문제와 경쟁 자체의 문제를 혼동해선 안 되는 것 아니냐" 등등.

'경쟁은 사라져야 하는가?' 토론왕으로 선발된 학생은 비싼 우유 하나와 싼 우유 둘, 세 가지 중 하나를 선택할 수 있다.

몇 차례 공방이 오가면서, 애초에 경쟁에 반대하는 편에 섰던 아이들도 도리 없이 자신들도 경쟁을 인정하고 있음을 인정할 수밖에 없게 되었다. 룰이 공정하다면, 경쟁을 통해 오히려 공정한 세상이 열린다는 사실에 합의했다. 동료 평가 결과 토론왕이 선발되었고, 토론왕은 미소를 지으며 바나나 우유를 움켜쥐었다. 승자의 선택이었다. 공정한 경쟁의 승자가 '더 좋은 것'을 선택할 수 있는 것이 결코 불공정하지 않다는 것을 아이들은 깨달았다. 마무리로 '시장'에 대한 전문가 견해가 담긴 신문 칼럼으로 짤막한 NIE 학습을 진행했다.

교과서에서 사라져 가는 '경쟁'을 편견 없이 받아들이기를 바라는 교사의 교수 학습 목표는 이렇게 해서 완벽하게 성취되었다. 경쟁이 도로 '소환'된 오늘, 아이들은 한 계단 더 높이 올라서서 세상을 보는 눈을 갖게 되었다.

광장과 동상의 나라에서 자유를 보다

러시아를 만나는 길은 여러 갈래다. 평범한 민낯을 만나고 싶어 내가 택한 길은, 시베리아를 횡단하는 3등 열차를 타고 블라디보스토크에서 모스크바까지 가는 길이었다. 대중교통으로 구석구석 그들처럼 다니고, 그들처럼 장보고 먹고, 이렇게 '그들처럼'을 꿈꾸며.

러시아는 작년에 이어 두 번째다. 작년에는 블라디보스토크에서 출발해 울란우데를 거쳐 이르쿠츠크의 바이칼호까지 8박 9일의 비교적 짧은 일정이었다. 그중 3박 4일을 시베리아횡단철도(TSR) 열차 안에서 보냈다. 이번은 그에 이어지는 노보시비리스크~예카테린부르크~니즈니노브고로드와 카잔~모스크바와 상트페테르부르크까지 훑는 다소 긴 여정이다.

여행의 출발지 블라디보스토크는 TSR의 동쪽 끝이다. TSR은 1916년 개통돼 100년 넘는 역사를 자랑한다. 총연장 무려 9,288킬로미터, 처음 개통 때보다 조금 길어진 것이라 한다. 바쁜 시대에 비행기를 탈 수도 있지만, 열차 여행만의 즐거움을 비행기가 대신할 수는 없다. 하

블라디보스토크역에 기념물로 전시된 시베리아횡단철도의 옛 증기 기관차

물며 '그들처럼'이 목표인 여행 아닌가.

사람이 살고 있었네

러시아는 넓은 나라다. 한 나라 안에서 동쪽 끝부터 서쪽 끝까지 해시계 시차가 무려 열한 시간, 기차로 6박 7일 동안 달려야 하는 거리다.

울란우데까지 3박 4일, 도중에 목적지가 돼서 하차하는 사람을 제외하고는 온종일 그 열차 안 사람들과 함께해야 하는 것이 TSR이다. 우리가 탄 칸은 칸막이와 문이 없는 3등석 '플라츠카르타'다. 한 줄에 좌석이 6개니까 우리 줄과 앞뒤 줄까지 대략 열여덟 명의 얼굴들이 마주보며, 화장실이며 물 받으러 오가며 어깨를 스치고 인연을 쌓

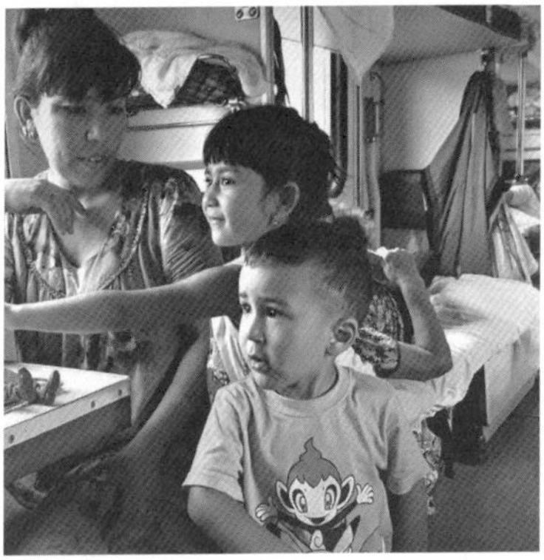 

시베리아횡단열차에서 우리와 같은 칸에 탄 러시아 아이들. 다른 사람에게 피해를 주지 않도록 훈련된 모습이 인상적이었다.

아가는 공간이다. 중간에 서는 역이나 간이역마다 아낙들이 올라와 삶은 감자며 절인 채소를 팔고 내려가고, 좀 길게 30분가량 정차하는 역에서는 내려서 먹거리를 사올 수도 있다. 말은 안 통해도 웃음으로 손발짓으로, 간혹 짧은 영어가 되는 사람끼리는 또 영어로 소통하면서, 꾸밈없는 러시아의 민낯을 본다.

우리 칸에 함께 탄 옥산나는 기껏해야 대여섯 살 될까 한 소녀다. 밝고 명랑한 성격이었고, 실제보다 좀 나이 들어 보이는 엄마와 여행 중이다. 옥산나의 어머니는 천방지축 딸아이와 하루 세 끼를 열차 안에서 해결하면서, 식사 때면 작은 간이 테이블에 반드시 테이블보를 깔고, 아이와 빵을 뜯고 차를 마시며 조곤조곤 낮은 소리로 얘기했다. 옥산나는 열차 안의 고만고만한 꼬맹이들과 장난치며 놀기도 했지만 다른 관광객과 외국인 들에게 폐를 끼치지 말아야 한다는 엄마의 원칙을 대체로 잘 지키고 있었다. 낯선 '카레이스키' 일행에게 호기심을 보이며 밝은 미소로 붙임성 있게 다가오면서도, 신기한 소지품들은 함부로 만지지도, 가지고 싶은 티를 내지 않았다. 비슷한 또래 아이를 데리고 탄 다른 엄마들도, 많이 배우고 전문적인 직업을 가진 사람들 같아 보이지는 않았지만 크게 다르지 않았다. 이렇게 자녀를 엄격하게, 타인을 배려하도록 키우는 게 러시아 일반 가정의 방식인지는 단언할 수 없지만, 적어도 나의 두 차례 러시아 여행에서는 다른 사람의 조용한 여행을 방해하는 아이들은 찾기 어려웠다. 이렇게 학교 들어가기 전부터 기본 소양을 가르치는 데서 그 나라의 기초 체력이 나오는 것 아닐까 하는 생각을 떨치기 어려웠다.

평등 구호 무색한 서열 사회

자작나무, 광장과 동상, 아치와 돔 — 블라디보스토크부터 열차를 타고 달리며 본 러시아의 인상이다.

블라디보스토크에서 본 레닌 동상을 시작으로, 러시아를 깊숙이 들여다보러 가는 곳마다 동상과 마주쳐야 했다. 울란우데와 이르쿠츠크의 거대한 레닌 두상, 노보시비리스크에서 본 군상, 니즈니노브고로드에서 본 동상……. 러시아 감독이 찍은 북한 배경 다큐 〈태양 아래〉에서 본 평양 시내 동상의 영상이 그 위에 오버랩된다.

역사 속으로 사라진 볼셰비키 혁명의 선봉장 레닌이 아직도 러시

블라디보스토크의 레닌 동상(왼쪽)과 울란우데의 거대한 레닌 두상

아의 곳곳에 우뚝 서있다는 사실은 참으로 신기할 지경이다. 모스크바에만 레닌 동상이 100여 개나 남아 있다고 한다. 진작에 자유시장경제로 돌아선 나라에서 아직도 저 '혁명꾼'을 지지하는 듯한 모양새가 쉽게 납득이 되지 않는다. 이것이 러시아의 민낯이다.

언제나 레닌의 좌대는 높다. 손을 치켜든 레닌은 앞을 향해 나가자고 독려하고, 망치와 낫을 들고 언제나 낮은 곳에서 그 뒤를 따르는 민중들은 미안하지만 힘겨워 보인다. 내가 본 군상(群像)들에서 레닌은 언제나 '동지들'보다 위에, 그리고 앞에 서있었다. '평등'은 어디에 있는가? 지도자, 민중 할 것 없이 동지들이 어깨 겯고 나란히 함께 가는 군상을 나는 여행 내내 보지 못했다. 서열은 엄연히 있었다. 그들

노보시비리스크의 레닌 광장 동상. 옆으로 돌아가서 보면 '서열'이 여지없이 드러난다.

이 외치는 평등은 말뿐이고 실질은 차별이며, 실천 없는 허상임을 확인했을 뿐이다.

평등 사회답지 않은 '서열'을 여실히 보여주는 것이 노보시비리스크의 레닌 광장 군상이다. 정면에서, 또 스치듯 힐끗 봐서는 보이지 않지만 옆으로 돌아가 바라보면 '서열'이 드러난다. '지도자 동지'를 앞세우고 그 뒤로 당원 또는 남성 노동자, 그다음이 여성과 학생으로 보이는 사람들이다. '새로운 시베리아의 도시'라는 뜻의 노보시비르스크에 새로움은 없었다. 실패한 공산주의자의 낡고 오래 묵은 전통이 버티고 있을 뿐이다.

'경쟁이 실종된 70년' 그 후

모스크바의 우주공원을 들렀다. 1957년 세계 최초의 인공위성 스푸트니크 1호 발사를 기념하기 위해 만든 공원엔 티타늄으로 만들어 햇살 속에 빛나는 로켓 모양 기념 조형물과, 유리 가가린 등 옛소련 우주인들의 두상, 이 나라 우주과학에 기여한 과학자들의 동상 들이 있다. 특히 인류 최초의 우주인인 유리 가가린의 동상은 이르쿠츠크에

이르쿠츠크에 있는 우주 비행사 유리 가가린의 두상(왼쪽)과, 스푸트니크호 발사 기념 오벨리스크

서도 봤고, 모스크바에도 여기 말고 여러 군데서 보았다. '광장과 동상의 나라'에 온 것을 또 한 번 실감한다.

광장과 동상은 이 나라가 공산주의 국가였다는 확실한 흔적이다. 가는 곳마다 레닌과 노동자들의 혁명을 상징하는 동상들이 남아 있어서, 그네들의 정치를 지탱하는 이념적 지주는 여전히 공산주의임을 드러내고 있다. 관공서나 국가 기관에는 예외 없이 '낫과 망치'를 형상화한 붉은 깃발이 붙어 있다. 길거리를 활보하고 시장에서 물건을 사다가도 낫과 망치를 보면 나도 보르게 주춤하곤 했다. '여기가 러시아구나'를 실감하는 순간이다. 물론 공산화 전 광활한 대륙에서 명멸해간 수많은 군주·군인·정치가·작가·예술가 들의 동상도 곳곳에 있다.

우주박물관이 있는 역은 원래 베데엔하(ВДНХ, VDNKh)역이었다. '소련 인민 경제 성과 박람회'의 러시아어 이니셜이다. 지금은 베베쩨(ВВЦ, VVCh, 러시아 박람회장)역으로 바뀌었다.

냉전 시대에 소련은 세계의 헤게모니를 놓고 미국과 무한 경쟁을 하고 있었다. 당시 소련은 공산주의 체제 하에서 경제 성장은 전반적 하락세를 면치 못했으나, 인민 경제 부문을 희생시켜가며 군비 경쟁에 열을 올렸다. 소련의 마지막 공산당 서기장 미하일 고르바초프가 당시 국방비 상승률이 국민 소득 성장률의 2배에 달하는 것을 두고 "인민이 힘들여 생산한 것을 국방 부문이 다 빨아먹은 셈"이라고 자탄할 정도였다. 그 결과가 '미사일과 인공위성을 쏘아올리면서 치약과 스타킹은 못 만드는 나라'다. 미국의 한 학자는 "미국 공군이 러시

모스크바 국립대학교

아 상공에서 담배와 스타킹만 뿌려대도 공산주의는 곧 붕괴를 맞을 것"이라고 비꼬기까지 했다.

러시아의 학교 교육은 여전히 국가 주도의 대규모 지원이 가능한 분야에 집중된 느낌이다. 특히 소련 시절인 1960~70년대 집중 육성한 항공 분야 기술은 아직도 상당한 수준이어서, 우리나라도 정밀 관측용 다목적 실용 위성을 발사할 때 러시아의 발사장을 이용할 정도다. 그러나 우주항공 등 극소수 분야를 제외하고 러시아의 과학기술은 전반적으로 침체일로를 걷고 있는 것이 사실이다. 그렇게 '인민의 삶의 질'과 맞바꿔 얻은 우주 기술의 결실을 자랑하는 공간이 우주공원과 베데엔하역이다.

러시아 최고의 대학이라는 모스크바 국립대학은 세계 대학 순위 평균 80~90위권이다. 정보기술(IT)·인공지능(AI)·생명공학 등의 분야는 부진을 면치 못한다. 과학과 공학 분야에서 부동의 1~3위는 미국의 매사추세츠 공대(MIT)·스탠퍼드·하버드다. 이것이 반세기 전 우주 경쟁에서 일등을 다투던 두 나라의 현재다. 자율과 경쟁을 통해 우주 산업의 새로운 동력을 끊임없이 공급받고 있는 미국과 비교해보면, 교육에서도 자유로운 경쟁 없이 발전은 없다는 것을 실감할 수 있다.

교과서에서 본 러시아는 자유지수가 낮은 나라였다.

'인민이 실제로 체감하는 자유도도 낮을까?'

두 차례 여행에서 내가 가장 확인하고 싶었던 물음이다. 실제 러시아에 가서 체감하는 일상은, 최근 백 년 동안 자유를 억압당한 나라답지 않게 생각처럼 험악하지도 않았고, 불편함을 느낄 정도도 아니었다. 그러나 마르크스와 엥겔스가 "유럽을 배회하고 있다"(『공산당 선언』)고 한 유령은 막상 유럽에서는 쫓겨나 유럽의 변방인 이곳 러시아를 아직도 배회하고 있다. 공산주의의 유령, 아니 망령이다.

그러나 여행 중 만난 '일상의 러시아'는 일반 시민의 가정 교육부터 국가의 교육 인프라까지, 충분한 교육 잠재력을 갖추고 있는 나라였다. 시장이 개방되면서 눈부신 변화를 보이고 있는 러시아를 보며, 교육에서도 관 주도의 중앙 집중 패러다임을 벗어나기만 하면 새로운 전기를 맞을 수 있겠다고 느꼈다.

밀턴 프리드먼은 "결과의 평등을 자유보다 앞세우는 나라일수록 결국 자유도 달성할 수 없다"고 했다. 자유가 얼마나 소중한 것인지, 그 자유를 일단 빼앗기고 나면 그것을 되찾는 데 얼마나 많은 노력과 희생과 무엇보다 시간이 필요한지, 많은 것을 느끼고 돌아보는 여행이었다.

제3부

대한민국 교사입니다

어느 586 교사의 자소서

기말고사가 끝났다. 날씨는 더워지고 긴장은 풀어지고……. 학기말은 학생들은 물론이고 교사들도 수업하기 가장 힘든 기간이다.

한 학생이 신문을 가지고 발표를 하다가 '6·29 선언'과 '민주화'를 들먹였다.

"2천년대생이 어떻게 그런 걸 알아?"

"부모님께 들었어요. 시민들이 쟁취한 우리나라의 민주주의 역사라고요."

1987년 그해 여름

1987년 여름 일련의 과정을 '6·10 항쟁'이라고 부르는 사람들이 있다. 광장에 쏟아져나온 사람들이 자기 생각을 집단적으로 밀어붙이고, 그렇게 얻어낸 것이 값진 민주주의라고 믿는 사람들이다. 그 신념에 2002년 월드컵의 경험이 교묘하게 결합해 2008년의 '광우병 촛불'

로, 다시 2016년의 '탄핵 촛불'로 확대 재생산되며, '광장에 쏟아져 나온 사람들이 민주주의를 실천하는 사람들'이라는 그릇된 믿음을 낳았다.

20대 한창 나이에 6·10과 6·29라는 바로 그 역사적인 사건을 겪은 교사의 이야기가 혹시 이 아이들에게 '역사의 증언'이 될 수는 없을까?

"…… 오늘은 날도 더운데, 옛날이야기나 해줄까?"

"와 와! 선생님 센스 짱짱! 좋아요!"

"선생님은 재수 안 한 '82학번입니다. 고등학교 1학년 때 10·26이 났고, 고 2 때 5·18이 터졌어요."

다들 나이를 계산하느라 한동안 말을 잊은 눈치다.

"헉! 선생님 우리 엄마보다 나이 많으시다!"

"명동성당 바로 옆에 있는 여고를 다녔어요. 하루도 조용한 날이 없었지요. 시위로 날이 새고 최루 가스로 해가 지는 걸 지켜보며 고등학교 시절 보내고……. 대학에 들어가보니, 거기는 '운동권'이라는 그룹이 맹위를 떨치고 있었어요. 선생님은 여대를 다녔는데 총학생회장은 남학생처럼 짧게 커트머리를 하고, 남자 두루마기를 입고, 걸쭉한 목소리로 '학우여~!'를 외치고 있었어요. 광주에서 고등학교를 다니며 5·18을 지켜보고 입학한 아이들과 함께 공부하고 그때 얘기를 들으면서, 우린 다 같이 숨을 죽이고 마른 침을 삼키며 공포와 분노에 전율했어요. 최루 가스를 피하는 비법으로 얼굴에 치약을 바르고 랩으로 감는 '이독치독' 같은 걸 체득해 가면서 대학을 졸업했지요."

책에서만 보던 현대사의 한 장면을 당시를 살아낸 교사의 육성으로 들으면서, 평소 교과서 속 역사 이야기엔 심드렁하던 아이들도 귀를 쫑긋 세우고 있었다.

"그렇게 대학을 마치고 성인이 되었고, 전두환이라는 군인 출신 대통령이 자기 후임도 또 군인 출신으로 세울까 봐, 세계에서도 손꼽힐 막강한 대통령제 헌법을 계속 끌고갈까 봐, 시민들은 그 헌법을 고쳐야 한다고 생각했어요. 당시 '유신 헌법'은 대통령 간접 선출, 임기 7년에 중임이 가능했지만, 국민들이 원한 것은 대통령 직접 선거와 5년 단임제였지요.

그중 단임제로 바꾸는 건 당시 전두환 대통령도 이미 여러 번 약속해왔지만, 국민의 직접 선거로 대통령을 뽑게 되면 집권당이 이길 수 없을 것이라고 판단해 현재 헌법을 고수하겠다고 했지요. 직선제를 요구하는 시민들이 대통령의 '호헌'에 반대해 '호헌 철폐' 구호를 외치면서 길거리에 쏟아져 나온 게 1987년의 6·10이지요. 인파는 서울의 광장들과 종로·퇴계로·을지로 등 큰길들을 가득 메웠고, 여기 부산도 중앙동과 부산역·서면 거리까지 온통 시민들로 가득 찬 '뜨거운 6월'을 보냈답니다. 학생·교수 들은 물론이고 넥타이 맨 회사원들까지 시민들의 저항이 거셌고, 그래서 당시 집권당 대통령 후보였던 노태우 씨가 '직선제 개헌을 대통령(전두환)께 적극적으로 건의하겠다'고 약속한 것이 '6·29 선언'이에요. 직선제 개헌뿐 아니라 국민의 정치적·사회적 자유를 광범위하게 보장하고, 김대중 씨 등 정치 활동이 제한돼 있던 야당 인사들의 해금 등을 이끌어 낸 이 6월의 사건을 '6월 항쟁'이라고 부르는 거예요. 선생님은 그렇게 '민주화'라는 급류가 세상을 바꾸어놓는 모습을 사회 초년생으로서 온몸으로 경험한 세대예요. 그 세대를 지금은 '586'이라고 부르지요? 선생님이 바로 그 586 세대예요."

"와~! 선생님도 데모하러 나가셨어요?"

"아니요. 선생님은 마침 큰 수술을 받아서 그 6월의 절반을 거의 병원에서 보냈어요. 하지만 건강했더라도 길거리에 뛰어나가지는 않았을 것 같아요. 대학을 다닐 때도 마찬가지였지만, 거리에서 목소리를 높인다고 민주주의가 지켜지는 건 아니라는 생각이었으니까요. 여러분, 그 당시 거리에 나가서 민주주의를 외치지 않은 사람들은 '민주 시민'이 아닌가요? 만약 여러분의 부모님 중 한 분이라도 생각이 달라서, 또는 먹고살기도 힘들어서, 아니면 선생님처럼 큰 병에 걸려서 거리에 나가지 않았다면, 여러분은 '그때 엄마 아빠는 뭘 했나요?'라며 반민주 시민이라고, 부끄러운 부모라고 비난할 건가요?"

"……."

"586 세대는 그렇게 자신들의 손으로 민주주의를 지켰다는 착각에 빠져 엉뚱한 '주인 의식'을 갖게 되었어요. '그때 거기' 있던 사람들끼리 은밀한 동질감과 동지애를 갖게 되는 한편으로, 그 민주 시민의 '역할'을 함께하지 못한 사람은 왠지 무임 승차라도 하는 듯한 미안함과 부채 의식을 가질 수밖에 없겠지요? 그런 부채 의식을 갖고 자라난 사람들이 기성세대가 돼서 자기 나름의 이념 지향을 표현하기 시작했는데, 무슨 확고한 '주의'는 아니고 그저 옷을 고르고 장신구를 걸치듯 겉멋으로 드러내는 것이기에 우리는 그걸 '패션 좌파'라고도 부르지요. 심지어 자본주의 사회의 맨 상층부에서 온갖 경제적 이득은 독차지하는 사람들조차 말로는 평등과 분배를 앞세우기도 하지요? 그런 사람들이 '강남 좌파'고요."

"오~ 예! 강남 좌파!"

기득권이 된 586

의식과 현실의 엇박자에 당혹스러워하던 이십대들은 세월의 강을 건너 오늘날 이 나라의 구석구석에서 '중견'이 되어 있다. 학업에 그다지 두각을 나타내지 못한 나조차 어정잡이로 공부하고 어정잡이로 교사가 되어 '지금, 여기' 십대들 앞에 서있다. 그러나 부족하면 부족한 대로 내가 해야 하는 일에 게으르지 않으려 애쓰며, 감히 자신 있다고는 말 못 해도 최소한 부끄럽지는 않으려고 몸부림치며 살아왔다. '지금, 여기'서 그 시간들을 되돌아보면, 최고인 적은 한 번도 없지만 '부채 의식' 따위도 없다. 잘살거나 잘난 유능한 사람을 부러워한 적은 있어도 질투하거나 미워한 적은 없다. 나보다 돈이나 능력이 많은 사람은 꼭 그만큼의 소명을 받고 났으려니 여기며 존중하려 노력했고, 머리가 좋고 공부를 많이 한 사람은 존경하며 그에게서 배우려 하며 살아왔다. 사람은 저마다 타고난 달란트(탤런트)가 다를 뿐, 각자 자기 자리에서 땀 흘리며 살아왔다면 부채 의식 같은 것을 가질 이유는 없다.

담담하게 이어지는 교과서 밖 옛날이야기에 이따금 고개를 주억거리는 아이들도 있고, 간간이 이런저런 질문이 나오기도 했다.

그 '586 세대'가 알게 모르게 지탄을 받고 있으며, 스스로 아는지 모르는지 모를 '착각'을 하고 있다는 걸 지적해줘야 할 때다.

"586의 원조는 386이지요. 2000년대 초 기준으로 나이 30대 사람들이 특히 정치 신인으로서 주목받기 시작하면서 이들을 불러줄 이름이 필요했고, 그러다 보니 '30대, 1980년대 학번, 1960년대생'이라는 엉성한(!) 조합으로 만든 말이 386이었어요. 세월이 흐르면서 '신세대' 386은 나이를 먹어 486이 되고, 586 '쉰세대' 기득권 세력이 되어 갔어요. 하지만 집단의 힘으로 체제를 바꾸고 대중의 에너지로 무엇인가를 성취해본 젊을 적 기억에 사로잡힌 586은 자기들이 젊을 때 한 일이 '저항'이고 '정의'라는 치기 어린 생각을 나이 들어서도 끝내 벗어던지지 못했어요. 그렇게 광장에서 비이성적 다수의 힘으로 쟁취한 것들은 또 다른 다수의 힘에 자리를 내줄 수도 있다는 생각도 할 줄 모르고요. 실제로 지금 우리나라 정치·경제·사회 등등 대부분의 분야에서 중요한 역할들을 독차지하고 있는 게 선생님 같은 586 세대지요?"

"맞아요~!"

"자, 여기까지가 '진짜 586 세대' 선생님이 돌이켜본 '그때 그 시절'이었고…… 그런데 여러분, 국민들이 광장에 쏟아져 나가서 촛불이나 태극기를 흔들면서 자기 주장을 소리 높여 외치는 직접민주주의가 진짜 민주주의의 참모습일까요?"

"그럼요! 대한민국은 민주 공화국인걸요!"

"하지만, 대한민국은 민주 공화국이라고 한 그 헌법이, 간접민주정치의 대표적인 형태인 대의제 민주 정치를 규정하고 있고 국민 투표 같은 직접민주주의는 보조적인 수단으로만 인정하고 있는데도?"

"……."

"자 자, 그 얘기는 해당 진도 나갈 때 마저 살펴보기로 하고, 오늘 옛날얘기는 여기까지!"

그후 근 30년, 화염병과 최루탄 대신 '촛불'이 기승을 부린 2016년의 겨울은 집단의 힘으로 쟁취한 '87 체제'에서 권력을 잡은 세대가 '586'에게 자리를 내주는 상징적 사건은 아니었을지. 실제 2016년 광장에 모여 촛불을 치켜든 사람들 중 586 세대가 적지 않았고, 그 바람을 타고 정권을 잡은 지금 집권층의 핵심 인사들 대부분 역시 586이다. 학계·기업·노동계까지 넓혀보면 586이 이제는 어느덧 변화를 가로막는 기득권 세력이 돼버렸다는 징후가 완연하다. '586의 지대(地代) 추구'다.

서해 수호 '패스', 세월호는 '추모'

'계기 교육'이라는 것이 있다. 교육부의 고시에 따르면 "계기(契機) 교육이란 교육 과정에 제시되지 않았던 특정 주제에 대하여 교육할 필요가 있을 때 이루어지는 교육을 총칭하여 사용하는 명칭"이라 되어 있다. 즉, 6·25 기념일엔 6·25에 대해, 제헌절엔 헌법 제정의 의미에 대해, 그리고 국회의원이나 대통령 등 선거 즈음엔 대의 정치와 민주주의에 대해 교육하는 것이다.

2016년 교육부는 "헌법 및 교육기본법에 근거한 교육의 중립성을 확보하고, 교육 과정의 정상적인 운영"을 하기 위해 각 시·도 교육청별 '계기 교육 지침'을 마련하고, 초·중등학교 교육 과정에 명시되어 있는 계기 교육의 목적과 절차에 충실하도록 할 것을 강조하였다. 『초·중등학교 교육 과정』(2013. 12. 18 교육부 고시 제2013-7호)에도 "학교에서는 교육 과정에 제시되지 않은 사회 현안에 대해 학생들의 올바른 이해를 돕기 위하여 계기 교육을 실시할 수 있다"고 명시되어 있다. 단, 계기 교육을 실시할 때에는 학년 및 교과 협의회 등을 통해 작성한 교수·학습 과정안 및 학습 자료에 대하여 학교장의 사전 승인을 받아 실시하도록 교육 과정 해설서에서 정하고 있다. 이하 세부적 지침으로 '교육의 중립성 훼손에 대한 우려가 있는 계기 교육 및 부교재 활용' 등에 관해 각 시·도 교육청에서 계기 교육 지침을 정비한 후, 2016년 4월중 각급 학교에서 시행하도록 하여 학교 현장의 혼란을 최소화하도록 했다.

교육부에서 '계기 교육의 중립성'을 재차 삼차 강조하는 것은, 논란의 소지가 있는 사회적 현안에 대해 가치 판단이 미성숙한 학생들이 편향된 시각을 갖지 않도록 하기 위한 것이다. '교육의 중립성' 확보에 만전을 기하라는 교육부의 지침은 교육이 교육으로서 가치를 가지기 위해 필수적인 안전판이다.

그렇게 2016년 한 해 학교 현장에서 잘 행해지던 계기 교육 지침이 2017년 12월 교육부와 전국시도교육감협의회의 '교육 자치 정책 로드맵'에 따라 사라지고 말았다. 12월 12일 정한 로드맵은 1단계 '우선 정비 과제' 가운데 하나로 '각종 계기 교육 지침 폐지'를 명시했다. 이에 광주시교육청이 맨 먼저 2018년 3월 계기 교육 지침을 폐지했다.

앞서 박근혜 정부 때, 논란의 여지가 있는 이념 편향적 교육과 관련해 "사회적, 정치적 현안 문제를 다루는 계기 교육을 할 경우, 학교교육과정위원회 또는 학교운영위원회에서 구체적인 실시 방향을 설정"하도록 한 바 있다. 예를 들어 '황사에 대비한 환경 교육'은 적합한 사례, '전교조 법외 노조화 반대'와 '한국사 교과서 부당 검정' 등

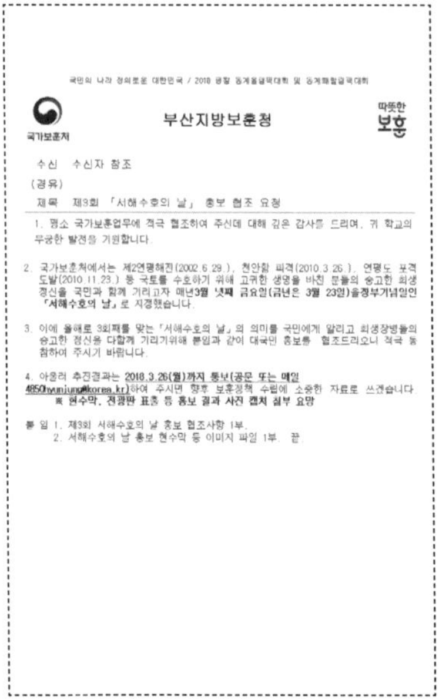

국민의 나라 정의로운 대한민국 / 2018 평창 동계올림픽대회 및 동계패럴림픽대회

국가보훈처

부산지방보훈청

따뜻한 보훈

수신 수신자 참조
(경유)
제목 제3회 「서해수호의 날」 홍보 협조 요청

1. 평소 국가보훈업무에 적극 협조하여 주신데 대해 깊은 감사를 드리며, 귀 학교의 무궁한 발전을 기원합니다.

2. 국가보훈처에서는 제2연평해전(2002.6.29.), 천안함 피격(2010.3.26.), 연평도 포격도발(2010.11.23.) 등 국토를 수호하기 위해 고귀한 생명을 바친 분들의 숭고한 희생정신을 국민과 함께 기리고자 매년 **3월 넷째 금요일(금년은 3월 23일)을정부기념일인 「서해수호의 날」**로 지정했습니다.

3. 이에 올해로 3회째를 맞는 「서해수호의 날」의 의미를 국민에게 알리고 희생장병들의 숭고한 정신을 다함께 기리기위해 붙임과 같이 대국민 홍보를 협조드리오니 적극 동참하여 주시기 바랍니다.

4. 아울러 추진결과는 2018.3.26(월)까지 통보(공문 또는 메일 4850hyunjung@korea.kr)하여 주시면 향후 보훈정책 수립에 소중한 자료로 쓰겠습니다.
※ 현수막, 전광판 표출 등 홍보 결과 사진 캡처 첨부 요망

붙 임 1. 제3회 서해수호의 날 홍보 협조사항 1부.
2. 서해수호의 날 홍보 현수막 등 이미지 파일 1부. 끝.

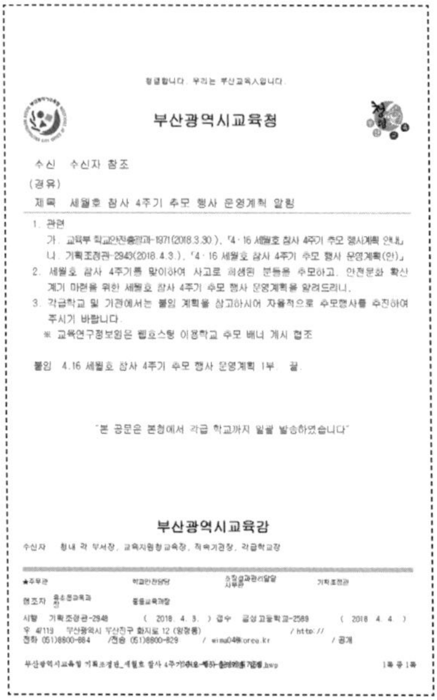

청렴합니다. 우리는 부산교육人입니다.

부산광역시교육청

수신 수신자 참조
(경유)
제목 세월호 참사 4주기 추모 행사 운영계획 알림

1. 관련
가. 교육부 학교안전총괄과-1971(2018.3.30.), 「4·16 세월호 참사 4주기 추모 행사계획 안내」
나. 기획조정관-2943(2018.4.3.), 「4·16 세월호 참사 4주기 추모 행사 운영계획(안)」
2. 세월호 참사 4주기를 맞이하여 사고로 희생된 분들을 추모하고, 안전문화 확산 계기 마련을 위한 세월호 참사 4주기 추모 행사 운영계획을 알려드리니,
3. 각급학교 및 기관에서는 붙임 계획을 참고하시어 자율적으로 추모행사를 추진하여 주시기 바랍니다.
※ 교육연구정보원은 웹호스팅 이용학교 추모 배너 게시 협조

붙임 4.16 세월호 참사 4주기 추모 행사 운영계획 1부. 끝.

"본 공문은 본청에서 각급 학교까지 일괄 발송하였습니다"

부산광역시교육감

수신자 청내 각 부서장, 교육지원청교육장, 직속기관장, 각급학교장

시행 기획조정관-2948 (2018. 4. 3.) 접수 금성고등학교-2569 (2018. 4. 4.)
우 47119 부산광역시 부산진구 화지로 12 (양정동) / http://
전화 051)8600-884 /전송 051)8600-829 / / 공개

1쪽 중 1쪽

지방 보훈청이 자체 발송한 서해 수호의 날 '게시 공문'(왼쪽)과, 시교육청이 생성해 일괄 발송한 세월호 추모 '공문'

은 부적합한 사례로 제시하는 식이다. 그러나 2018년 3월 광주시교육청은 관내 전체 학교에 공문을 보내 '계기 교육 지침'이 폐지되었음을 알리고, 초등학교 교육 과정과 중·고등학교 교육 과정의 '계기 교육' 관련 항목을 "국가·사회적 차원에서 지도의 방향을 신중히 검토한 다음 학교장의 책임 아래에 실시한다"로 바꾸어 학교장 재량에 맡겼다. 광주시교육청 관계자는 "기존 계기 교육 지침은 통제적인 성격이 강했다"며 "학교 민주주의 실현과 교육 과정 운영의 자율성을 보장하기 위해 계기 교육 지침을 폐지했다"고 설명했다.

'통제적 성격'이 강했던 계기 교육 지침을 '학교 자율성'을 위해 폐지하겠다는 선언이 달갑지만 않은 것은 나만이 아닐 것이다.

교육청에서 일선 학교에 보내는 '공문'에는 두 가지 형태가 있다. '수신'을 명기하여 각급 학교에 내려보내는 말 그대로 '공문'과, 공지사항처럼 관심 있는 각급 학교 담당자나 교사들이 능동적으로 확인해야 하는 '게시 공문'이 그것이다. 일일이 수신자를 지정할 경우 의무 사항이든 협조 사항이든 담당자가 지정되고 공문을 반드시 수령하게 되어 있지만, 게시 공문은 관심 있는 사람만 열람할 뿐 그냥 넘어가기도 한다.

매년 3월 네 번째 금요일은 법정 기념일 '서해 수호의 날'이다. 이 날을 앞두고 지방 보훈청은 으레 교육청을 통해 서해 수호의 날 홍보 공문을 각급 학교에 보내곤 했다. 그런데 서해 수호의 날 3회째인 2018년은 공문 소식이 없다. 혹시 실수로 누락됐는지 아니면 외압이라도 있었는지 지방청 담당자에게 전화를 걸어 확인했더니, 늘 '공문'으로 발송하던 것을 올해는 교육청이 '게시 공문'으로 보냈다며, 자기도 교육청에 따졌다고 한다. 교육청의 담당 장학사는 "교사들의 업무 경감을 위한 공문 줄이기의 일환으로 게시글 형태로 발송했다"고 답변했단다. 뒤져 보니 게시 공문 안에 와 있기는 했다.

3주쯤 후, 4월 16일은 '세월호 추모일'이다. 이번에는 게시 공문이 아니라 수신처를 명기한 정식 '공문'으로 전달돼 있다! '업무 경감'이란 선택적으로 필요한 모양이다. 게다가 지방 보훈청의 서해 수호의 날 게시 공문은 시교육청이 아니라 발송처(보훈청)가 발송하는 형식이었으나, 세월호 추모 공문은 생성한 곳이 시교육청이었고, "각급 학교에 일괄 발송한다"라는 내용이 공문에 포함되어 있었다.

공문을 수령하는 일선 학교에서 '서해 수호의 날'과 '세월호 추모일', 두 개의 공문을 받아들이는 무게감은 어떻게 다르고, 따라서 일을 처리하는 방식은 또 어떻게 다를 것인가? 나라 사랑을 일깨우는 '서해 수호의 날'이 '세월호 추모일'보다 격이 낮게 취급되고 있다는 사실을 일선 학교 교사 입장에서 어떻게 해석해야 할지 당황스러웠다. 백 번 양보해 '서해 수호의 날'도 '세월호 추모'도 동급의 계기 교육 대상이라 한다면 '형평성'은 어떻게 가르쳐야 할지, 누가 좀 명쾌한 설명을 해주면 좋겠다.

'공룡' EBS 검증은 누가

2018년 3월 1일 헌법재판소는 대학수학능력시험 문항의 70퍼센트를 EBS 교육방송과 연계해 출제하는 정책이 합헌이라는 결정을 내렸다. EBS가 본래의 취지대로 학교 교육 정상화에 기여했으며 사교육비 경감에 기여한 바가 있으므로, 수능을 EBS 교재와 70퍼센트 연계하여 출제하는 '2018학년도 수능 시행 기본 계획'은 학생·학부모·교사의 선택권을 제한하는 것으로 보기 어렵다는 취지였다. 또 다른 이유로 공익이 사익보다 중요하므로 개인의 부담은 '상대적으로 가볍게' 볼 수 있다는 점을 들었다.

EBS가 질 좋은 강의를 저렴하게 제공하여 보급한 덕분에 경제적으로 형편이 딱한 학생들이 비싼 사교육 대신 인터넷 강의로 보충 학습을 하고 수험 생활에 많은 도움을 받을 수 있는 것은 사실이다. 비싼 과외 대신 학교에서 저렴한 교재로, 교사가 지도하는 EBS를 따르면 70퍼센트나 '배려'를 받을 수 있었으니, EBS가 긍정적 기능을 전혀 하지 못했다고 볼 수는 없다.

그러나 한편으로 학교 현장에 있는 교사 입장에서는 전적으로 수긍하기 어려운 면도 있다.

공교육 정상화 아닌 또 다른 위축

'EBS 교재의 수능 연계 70퍼센트' 이후 학교에서는 EBS 교재를 안 다룰 수가 없게 되었다. 수능에서 70퍼센트나 반영되는 문제를 풀어주지 않으면 '땅 짚고 헤엄치는 70퍼센트'를 잃어버리게 되기 때문이다. 이쯤 되면 교과서는 부교재이고 EBS 교재가 교과서가 된다. 일부 아이들은 EBS 교재를 보면 70퍼센트는 보장받는다는 사실에 손쉽게 안도해, 다양한 교재로 공부하기보다 문제 풀이에만 매몰된다. 심지어 어떤 학생들은 EBS가 공교육이라고 철석같이 믿기도 한다. 간혹 딴짓을 하는 아이들에게 수업에 집중하라고 주의를 주었더니 "나중에 EBS 들으면 되잖아요" 하고 대꾸하더라는 이야기까지 들린다.

정시를 목표로 수능만 준비하는 학생들에겐 '과정형 평가'를 위한 수업 참여나 다양한 활동 권유가 그다지 설득력 있게 다가가지 않는다. 그런 아이들에겐 굳이 수업 시간이 아니어도 좋은 EBS 문제 풀이가 가장 최선의 대안이라고 생각한다. 물론 70퍼센트를 제외한 30퍼센트에 더 매달리는 학생들은 교과·비교과 모두 열심인 학생들이므로 EBS 70퍼센트 반영이 공교육 정상화에 그다지 영향을 미치지 않을 수도 있다는 것이다. 입시 학원과 별반 다를 바 없이 변질되어가는

고 3 교실, 그 중심에 EBS 문제집 '수능 반영 70퍼센트'가 있다.

사교육 키워주는 황금 알

EBS 교재를 집중적으로 다루며 공부해야만 하는 수험생에게 EBS 반영 교재는 16권(자연 계열 17권), 제2 외국어까지 응시해야 하는 학생에겐 18~19권으로, 반드시 보아야만 하는 교재가 교과서에 보태진다. 즉, EBS 연계 공부는 입시 준비를 하는 학생들의 부담을 경감시키기는커녕 이중, 삼중으로 입시 부담을 가중시키는 역할을 하고 있다.

EBSi 홈페이지에 들어가서 보면 엄청나게 다양한 강의와 교재들이 제공되고 있어, 꼭 연계 교재가 아니라도 수능을 대비하기 위한 숱한 교재 중 무엇을 공부하는 것이 가장 효과적일지 수험생들은 고민스러울 수밖에 없다. 이런 고민에 맞춰 사교육 시장에는 EBS만을 활용하여 족집게 식으로 수험생의 부담을 덜어주는 갖가지 강좌가 개설되고 있다. 소위 '1타 강사'들의 EBS 강좌가 열리는 것이다. 이쯤되면 EBS가 사교육을 대체하자는 것인지 조장하자는 것인지조차 헷갈릴 지경이다.

이렇게 다양한 사교육을 파생시켰으니, 헌재가 강변한 것처럼 사교육을 금지하자는 것이 아닌 것은 맞는 듯도 하다. 그러나 'EBS 교재의 수능 연계 70퍼센트'가 'EBS 반영 족집게'를 표방한 고액의 사교육을 만들어내는 원천이 되고 있다면, 이는 사교육을 축소시킨 것이 아니라 도리어 조장한 것 아닐까? 심지어 다양한 교재로 창의적 학습할 기회를 박탈하고, 교사의 자유로운 교재 선택권과 학부모의 자녀 교육권을 침해한 것은 아닌지. 이것이 법에 명시된 행복추구권, 교육의 자주성, 전문성의 보장 등을 침해한 것이 아니면 무엇일까 궁금해지는 대목이다.

교육 과정에 부합하는가? 강사 검증은?

2015 교육 과정은 '창의 융합형 인재 양성'을 목표로 했다. 그러나 'EBS 교재의 수능 연계 70퍼센트'는 입시를 위해 기계식으로 문제를 풀게 하는 기능적 인간의 양성에 더 부합한 방식이다.

교육 당국이 국가 차원에서 창의적인 인재를 기르겠다고 기염을 토하면서도 교육 분야에 자생적 시장이 기능하는 것은 막고 인위적으로 일일이 설계하기 위해 만든 것이 EBS다. 공교육의 보완재로 출발한 그 EBS가 이제는 거대한 공룡이 되어 공교육을 도리어 위협하고 있으니, 본말이 전도된 것이다. EBS 문제집으로 단련된 '문제 풀이형' 인간을 만들 것인지, 사고하고 '창의적으로 성장'하는 인간을 기를 것인지, 정부는 제발 한 가지에만 집중했으면 한다.

공룡처럼 비대해져가는 EBS. 강사가 강의 도중 "군대에 가면 사람 죽이는 것을 배운다"는 발언을 하는가 하면, 수능 대비를 위한 교재에 '취업 유발 계수' 등을 읽기 자료로 제시하며 반(反)기업 정서를 부추

기기도 하는 등, 내용에 문제를 드러내고 있는 것도 우려스럽다. 현장에서도 EBS 교재로 수업을 하다보면 교재에 나오는 제시문이나 심화 학습 자료, 읽기 자료 등에서 문제를 느낄 때가 많다. 철저한 여과 장치 없이 뿌려지는 EBS 교재들은 현재 입시 시장에서 거의 독점적 위치를 점하고 있다고 봐도 무방하다. 사실상 대부분의 수험생이 교과서보다도 더 의존하고 필수로 보아야 하는 교재가 미치는 영향까지 고려한다면, '수능 반영 비율' 정도가 문제가 아니다. 촘촘한 모니터링과 내용에 대한 엄격한 검토와 인증이 필요하다.

그러나 과연 그 까다로운 내용 검증과 검토를 누가 하고 있는지 우리는 아무도 알지 못한다. '한국교육방송공사'라는 그럴듯한 포장이 진실과 내용 보장의 인증 마크라도 되는 듯 얼렁뚱땅 넘어가고 있는 것이다. 공교육에 기여한 바가 있다 해서 내용을 엉망으로 만들어도 좋다는 면죄부가 될 수는 없다.

입시 시장에서 엄청나게 덩치를 불려놓은 거대 공룡 EBS는 역기능 또한 만만치 않게 커지는 중이다. 교재 팔아 남긴 돈으로 개인별 성과와 무관하게 무차별 성과금을 뿌렸다느니, 수요조차 제대로 고려하지 않고 대량으로 찍어내 수십억 원의 예산을 낭비했다느니 하는 뒷얘기도 돌고 있다. 초심으로 돌아가 꼭 필요한 부분에서만 공교육의 보완재 노릇을 제대로 할 수 있을지, 죽으나 사나 '파킨슨의 법칙' 대로 갈지도 알 수 없다.

'수능 연계 70퍼센트'의 그 70퍼센트도 실은 모호하기 짝이 없다.

연계란 "영역별 과목별 특성에 따라 개념이나 원리, 지문이나 자료, 핵심 제재나 논지 등을 활용한 방법과 문항을 변형하거나 재구성"하는 것뿐만 아니라, EBS 연계 교재의 지문과 주제·소재·요지가 유사한 다른 지문을 활용하는 경우까지 의미할 수 있다. 교재에 소개된 통계나 그래프 등을 활용·응용하는 경우도 있을 수 있다. 이처럼 광범위하게 적용되는 '연계'이다보니, 말만 70퍼센트이지 귀에 걸면 귀고리, 코에 걸면 코걸이다.

이렇게 많은 문제를 품고 있으면서도 '전가의 보도'임을 인증받은 'EBS 수능 연계 70퍼센트'. 오늘도 고 3 교실로 가는 이 교사의 손에 들린 교재는 『EBS 수능 특강』이다. 어쩔 수 없지 않은가. 내가 무슨 용가리 통뼈라고!

책임 없는 권리, 18세 선거권

'18세 선거권' 법안이 통과됐다. 일각에서는 16세까지 낮추어야 한다는 정치인까지 있다. 도대체 제정신인가. 아예 초등학교 1학년부터 하지, 하고 되묻고 싶을 지경이다.

18세 젊은이들 중 일부는 "청년과 청소년의 목소리가 정부 정책에 적극적으로 반영될 수 있게 되었다"고 적극 환영하기도 하는 모양이지만, 우려의 목소리도 그에 못지않게 높다는 말을 아무도 하지 않는다. 기본부터 따져봐야 한다. '19세 성년, 18세 선거권'의 1년 차이는 '겨우'라고 하기엔 너무 큰 1년이다.

민사 거래는 못 해도 선거는 한다?

참정권은 헌법이 보장하는 국민의 기본권 중 하나다. 참정권은 국민의 한 사람으로서 정치에 참여할 수 있는 권리로, 대표적으로 선거에 참여할 권리인 '선거권'과, 공무원이 되어 나랏일을 할 수 있는 권리인 '공무 담임권'이 있다.

국민에게 권리만 있는 것은 아니다. 헌법은 국가를 유지하고 발전시키기 위해 국민들이 져야 할 의무들도 동시에 규정하고 있다. 건국 헌법 이래 교육의 의무, 근로의 의무, 납세의 의무, 국토방위의 의무는 국민의 대표적인 '4대 의무'였다. 여기에 제5 공화국 헌법부터 '재산권 행사의 공공 복리 적합 의무'와 '환경 보전의 의무'를 추가했다.

국민의 권리와 의무는 균형을 이루어야 한다. 의무는 다하지 않고서 권리만을 부르짖는 사람들로 넘쳐나는 나라가 존립할 수 있을까? 권리와 동시에 의무를 가르치지 않는 교육이 제대로 된 교육이라 할 수 있을까?

그 점에서 '18세 선거권'이 얼마나 엉터리인지 바로 알 수 있다. 아직 교육을 다 받지 못했고 근로도 납세도 국토방위의 의무도 지지 않는 18세 청소년들에게 선거권을 부여하는 것은 전형적인 '의무 없는 권리' 아닌가.

'청소년의 사회 참여'를 제고하려는 대회에 학생들을 인솔해 참여한 일이 있다. 청소년들이 제안하는 정책을 적극 반영하여 사회에서 청소년들의 역할을 독려하고 적극적으로 제고한다는 취지의 자리였다. 대회의 목적이 '민주 시민의 양성'이라고는 하지만, 학생들이 제안하는 정책이란 게 대체로 딱 그 나이대의 관심 영역을 벗어나기 어려웠고, 자기들의 눈높이와 시각에서 자기네 편익을 극대화하려는 정책 일변도일 것은 짐작한 바다. 1등 또한 자기가 사는 지역 사회를 위한 정책이 차지했다. 사람이란 그런 것이다. 사람은 이기적 존재이고, 알고 배운 것 이상을 뛰어넘기 어렵다. 하물며 아직 청소년일 때는 말할 것도 없다.

그래서 민법은 자유의사에 의한 법률 행위를 할 수 있는 '성년'을 만 19세로 정하여 미성년 청소년들을 보호하고 있다. 아직 민법상 미성년자로서 '보호'를 받는 청소년들이 유독 참정권에서만 온전한 권리를 인정받아 대의제 민주 정치의 근간인 선거에서 '한 표'를 행사하게 된다면, 전 연령대에 걸치는 국민의 이익과 국가 전반에 영향을 끼치는 정책의 경중을 잘 고려하고 절차까지 염두에 두어 제대로 된 선택을 할 수 있을까? 왜 선거법은 선거 연령을 민법과 연계해 '성년'이라고 하지 않고 굳이 '○○세'라고 하여 일상 법률 행위 능력과 선거권 행사를 분리했는지 궁금하다.

놀랍도록 빠르게 변화하는 사회에서 미래 사회의 인재에게 요구되는 것은 복합적 문제 해결 능력, 비판적 사고 능력, 창의력, 감성 능력, 판단 및 의사 결정 능력 같은 핵심 역량의 함양이다. 그만한 핵심 역량을 갖추지 못한 채 자기 목소리만 높이는 '투쟁 지향적'이고 '전지적 참견 시점'만을 장착한 인간이 많은 사회는 건강한 사회라고 할 수 없다. 이러한 핵심 역량을 갖춘 인간으로 길러내는 것은 학교와 교사뿐 아니라 '거대한 학교'인 사회 전체와 그 안에 사는 선배들의 책무다.

변화무쌍한 미래 앞에 내던져질 우리 아이들. 18세 참정권은 세상의 변화와 맞설 준비에 한참 열과 성을 다해야 할 아이들을 미처 준비도 갖추기 전 세상의 파도 속에 던져넣는 폭거다. 설익은 열정에게 무기부터 쥐여주면 그 칼끝이 어디로 향할지, 생각하기도 섬뜩하다.

진학과 취업이 당장 발등의 불인 18세다. 단 1년의 차이지만 19세는 성년에 진입한 사회 초년생으로서 권리와 의무를 양손에 쥐고 세상에 눈을 뜨기 시작하는 시기다. 그와 달리 아직은 보호의 울타리 안에 있어야 하는 18세가 몸통의 반쪽은 학교에 두고 있으면서 외눈으로 세상을 향해 '절반의 정의'를 외친다면, 그것이 그들의 온전한 의지의 발현이라고 할 수 있을까? 성년 사회의 커다란 호의이건 누군가의 '의도'이건, 과분한 권리를 갑자기 갖게 된 교실 안 '아직은 아이들'을 보며 걱정이 앞선다.

교내 반목 등 걱정은 덜었지만

'18세 선거권'이 처음 시행되는 올해는 마침 제21대 국회의원 총선거(4·15 총선)가 있는 해다. 3학년 중 생일이 빠른 축인 학생들이 처음 투표를 하게 될 텐데 나는 올해 마침 3학년 담임을 맡게 되었고, 과목이 사회인 데다 신문을 활용한 NIE 수업까지 병행하다보니 정치·경제·사회 현안이 수업과 토론에 상시 등장한다. 토론 시간에 선거 관련 이슈를 들고 나오거나, 수업 중에 정견이나 특정 후보 선호 여부를 묻는 질문이라도 나오면 어떻게 하나, 겨울 방학 내내 걱정이 태산이었다.

교사와 학생을 막론하고 교내에서 정치 행위를 하는 것은 엄금되어 있지만, 학교 구성원들의 사담까지 일일이 통제할 수는 없고, 통제해서도 안 된다. 사는 동네도 비슷비슷한 학생들끼리 조례 전이나 쉬는 시간, 점심시간 같은 때 자기 지역구 후보나 정당 투표를 화제로 얘기하다가 선호가 달라 말다툼으로 이어지고 그게 주먹다짐으로 비화하기라도 한다면? 수업에서 교사가 '경쟁'을 말하면 보수 정당을 편들었다고, 거꾸로 '사회 갈등'을 경고하면 반대 당 정책을 홍보했다고 신고라도 들어간다면? 학교 몰래 방과 후 특정 후보의 선거 운동에 참여하던 학생이 불법 선거 운동에 연루됐다가 학교로 통보라도 오게 된다면?

불행 중 다행으로 올해는 연초부터 코로나 19 바이러스 사태로 개학이 지연되다가, 선거 6일 전인 4월 9일에야 사상 초유의 '온라인 개학'을 해서 학생들이 학교에 나오지 않았다. 난처하거나 불미스러운 상황을 원천적으로 피하고 나니, '민주주의의 꽃'이라는 선거를 직접 투표할 당사자도 있는 교실에서 생생하게 가르칠 초유의 기회가 다음 선거 때로 미뤄졌다는 아쉬움도 한켠에서 스멀스멀 올라온다. 못 가르쳐 죽은 귀신 붙은, 그대 이름은 교사!

'착한 정부'가 앗아간 국민 프라이버시

자기 자신이나 가까운 이가 감염병으로 고통받거나 자가 격리로 불편을 겪은 아픔만 논외로 한다면, 코로나 19 대유행이 개인위생에 가져다준 뜻하지 않은 선물도 있다. 바로 손 씻기와 마스크 착용 습관이다. 당장 코로나 유행 직후부터 그보다 치명률이 훨씬 높은 독감 환자가 눈에 띄게 줄었다고 하지 않는가.

그런데 감염병 유행 초기에 이 마스크를 놓고 보건 당국과 지자체가 오락가락하는 바람에 국민들이 덩달아 갈팡질팡하며 '마스크 대란'을 빚고 말았다.

마스크 대란의 백미는 마스크 5부제다. 정식 이름은 '공적 마스크 구입 제도'라고 하여, 출생 연도 끝자리에 따라 지정된 요일에만 1인당 2매까지의 '공적 마스크'를 구입할 수 있게 한 제도다. 코로나 확진자가 급증하면서 마스크 품귀 현상이 빚어지자 한편 "마스크를 사재기하는 사람들에게 철퇴를 내리겠다"고 선언하고 다른 한편 안정적인 마스크 공급을 위해 도입한 제도다(요일별 5부제는 3개월 만에 폐지됐

으며, 이후 '공적 마스크제'는 7월 12일자로 공식 폐기).

로베스피에르의 우유

마스크 5부제는 사실상 마스크 배급제다. 그러나 5부제 도입 초기, 마스크 공급은 안정되기는커녕 마스크 대란이라는 더 큰 불편을 빚고 말았다. 왜 그렇게 됐을까?

'로베스피에르의 우유'라는 악순환의 덫에 걸려서다.

프랑스 대혁명 직후 공포 정치를 펼친 급진파 지도자 로베스피에르는 '성장기 어린이들에게 우유를!'이라는 캐치프레이즈를 내걸고 우유값 상한제를 실시했다. 전형적인 '착한 정책'이다.

로베스피에르의 착한 정책의 결과 모든 프랑스 어린이들은 우유를 마음껏 마실 수 있게 됐을까? 당연하지만 결과는 정반대, 아니, 더 끔찍했다. 정책의 의도와 달리 우윳값이 천정부지로 뛰더니 급기야 시장에서 우유가 씨가 말라버리고 암시장에서나 비싼 값에 거래되기에 이른 것이다.

물론 정책 시행 초기에 잠깐은 효과가 있었다고 한다. 뉘 명이라 거역하겠는가. 하지만 그 효과는 얼마 가지 못했다. 우윳값을 터무니없이 낮게 묶어놓으니, 비싼 건초 값도 못 건지게 된 농민들은 팔수록 손해인 우유를 생산하는 대신 젖소를 도축해 고기로 팔아치웠고, 그 결과 우유 생산량이 급감해 버린 것이었다. 이에 정부가 다시 건초 가격을 강제로 내리자, 이번에는 건초를 생산하는 농민들이 인건비에도 못 미치는 값의 건초를 내다 태워버렸다. 더욱 귀해진 우유를 제 값 받고 팔면 처벌을 받을 판이니 우유는 암시장에서만 거래되었고, 귀족과 대부르주아만 먹을 수 있는 고가의 음식이 되어버렸다. 정책 시행 전에는 시민 계급은 그나마 우유를 먹을 수 있었으나, '착한 정책' 덕분에 이제는 시민 계급조차 우유를 먹을 수 없게 되었다.

마스크 대란은 다행히 일시 품귀에 그쳤고, 가격 폭등까지는 일어나지 않았다. 그 뒤로 공급량이 자연 증가했고 국민들도 반드시 KF94급의 전용 마스크만 고집하지 않아 마스크 시장은 금세 안정되었다. 정부가 일으킬 뻔한 대참사를 시장과 소비자가 막은 것이다.

정부가 시장을 제치고 통제에 나설수록 사람들의 삶은 망가진다. 정부 개입은 시장이 제대로 작동하도록 감시하는 선에서 그쳐야 한다. 정부는 스스로 만능의 천사가 될 게 아니라, 국민 개개인의 '내면의 천사'가 날개를 펼칠 수 있도록 도와야 한다. 시장을 잠재적 악마로 규정하고 스스로 천사가 되려는 정부는 성공할 수 없다.

전체주의로 가는 고속도로

코로나 19 확진자 발생 안내 문자가 하루에도 수십 통씩 쏟아진다. 문자 알림을 통해 자치구 홈페이지에 들어가면 코로나 19 확진자의 이동 경로가 공개돼 있다. 무섭다. 개인의 사생활과 자유는 어디로?

어떤 정치인은 감염병 재난으로부터 자신을 보호할 책임은 개인에게 있다고 했다. 한편으로 안전 책임을 개인에게 돌리면서, 개인의 자유는 전혀 고려되지 않는 나라가 돼가는 중이다.

전 세계적 재난 상태에서 확진자의 동선을 알려 개인들로 하여금 스스로 확인하고 조심하라는 '배려'를 나무라고 싶지는 않다. 하지만 정부가 동선을 공개하고 유치원부터 대학까지 학교들의 개학까지 미루는 전대미문의 조치를 할 양이면, 그 전에 국민이 안전과 생명을 보호할 조치 정도는 야무지게 해놨어야 하는 것 아닐까? 감염병의 진원지로 알려진 이웃 나라로부터 밀려들어오는 사람들을 차단해 달라는 목소리에는 왜 귀를 닫아 재난을 키웠는지, 그 부분부터가 설명이 아쉬운 것이다.

국민 사생활 배려가 없기는 마스크 5부제도 마찬가지다. 5부제 하에서 마스크를 구입하려면 요일 제한 때문에 신분증을 제시해야 했다. 일주일에 지정된 요일에, 신분을 밝히고 지정된 양만 — 꼭 옛 사회주의 국가의 생필품 배급제 모습 아닌가!

우리나라는 주민등록번호부터가 개인의 생년월일로 돼있어, 간단한 거래나 관공서·금융 기관·비행기·선박 이용 때마다 나이와 생일을 밝히고 들어가야 할 정도로 사생활 보호에 취약한 나라다. 고등학생이 되어 처음으로 주민등록증을 받으며 '예비 어른'의 꿈에 부풀고, 대학생이 되어 술과 담배를 살 때 성년이 된 주민등록증 내밀며 뿌듯해본 경험 때문에 그것이 몸에 배 사생활 침해인 줄도 모를 뿐이다.

까딱하단 전체주의로 가는 고속도로 통행권이 될 수 있는 게 바로 주민등록증이다. 마스크 5부제는 그 고속도로로 진입하는 톨게이트가 될 뻔했다.

정부에 의한 사생활 침해의 압권은 서울 이태원 클럽에서 집단 감염이 일어나자 정부가 휴대폰 위치 정보를 이용해 그 며칠 이태원 주변에 있었던 모든 사람의 '신상 털기'에 나선 일이다. 이후 클럽이나 노래방 같은 유흥업소를 이용할 때는 QR 코드를 이용한 '전자 출입 명부'에 신원을 남기는 게 의무화됐다. 이미 신용카드와 하이패스 추적만 해도 개개인의 동선과 행적이 낱낱이 드러나는 시대다. 코로나19가 더 확산되거나 그보다 더한 팬데믹이 번지면 집집마다, 가게와 사무실마다 QR 코드를 찍고 출입하게 할 텐가?

70년도 더 전에 조지 오웰이 소설 『1984』에서 예언했으나 소련과 동독 붕괴로 실현되지 않은 '초(超)감시'의 팬옵티콘 사회가 최근 중국에서 현실화하고 있다는 소식이다. 『1984』 초판(1949)이 나오기 전후 자유민주공화국을 세우고 북한·중국·소련 공산 집단의 침략을 이겨낸 대한민국에서, 적들이 다 망한 21세기 대명천지에, 그깟 바이러스 때문에 전체주의 사회를 향해 제 발로 걸어들어가는 모습이 섬뜩하다. 설마…… 중국발 바이러스라서?

맺음말

1989년, 주한 외국 공관에 다니던 서울내기 처녀가 부산 사나이에 '엮여' 부산 아지매가 되었습니다. 새댁은 경단녀, 사나이는 신입 사원 외벌이라 단칸방 신세는 피할 수 없는 현실. 천 리 부산으로 시집이란 걸 오고 보니 아는 사람도 없고, 혼자 시장통 투어도 하루 이틀이지, 심심해 죽을 것 같은 나날을 보냅니다. 지점토도 스텐실도 해보고, 쿠키도 구워보고, 그래도 심심하고…….

학습지 교사라도 해보자며 신문을 뒤적이다가, 부산에 있는 한 사립 학교의 교사 초빙 공고를 보게 됩니다. 대학교 때 교직을 이수해 일반사회 2급 정교사 자격증이 있는 새댁은 서울 친정 어머니께 고교 생활기록부, 대학교 졸업증명서와 성적증명서를 떼보내라 부탁드리고, 이력서며 자기소개서며 수업지도안을 내고, 공개 수업을 하고는 사학 재단 ○○학원에 채용되어 △△중학교 교사가 됩니다. 꼭 30년 전, 1990년 2월의 일입니다.

2019년, 교사로 산다는 것이 더없이 부끄러워지는 초유의 사태가 벌어졌습니다. 서울 어느 고등학교 학생들이 길거리에 나서서 교사의 잘못을 온 세상에 알리며 인정하라고 요구한 일입니다. 그런데 부끄러운 줄도 모르는 어른들은 도리어 아이들에게 폭력까지 행사하며 대응했습니다. 공권력까지 동원해가면서.

물론 그전에도 교사 부끄러운 일들은 숱하게 있었지요. 아이들에게 폭력을 휘두르는 선생님들, 성적을 조작해 상처 주는 일들, 입에 올리기도 부끄러운 교사와 학교·교육 당국의 부정들. 그중에는 교사라는 사람들의 개인 인성과 교육 신념이 무너져서 생긴 일도 있고, 제도권의 무사안일과 조직적인 부패가 드러난 것도 있었지만, 2019년의 파국과는 질적으로 달랐습니다. 하루하루 지날수록 견딜 수 없는 분노와 자괴감이 머릿속을 메워갔고, 지난 30년 동안 단 하루도 잊은 적 없는, 교사로서 첫 출근 하던 그날의 당당함과 사명감이 이제는 견디기 힘든 괴로움으로 다가왔습니다.

스스로 묻고 또 물으며 고통의 임계점 바로 아래서 허우적대다, 그동안 같은 생각을 갖고 좋은 자료집 만들어보자며 함께 공부한 작은 모임 사람들과 이야기도 나눈 끝에, "이제 우리의 생각을 좀더 널리 퍼뜨리자"는 데 뜻을 같이해 여기저기서 생각이 같은 선생님들을 하나 둘 더 모시기 시작했습니다.

하루를 살아도 아이들이 바로 커갈 수 있도록 지켜주고, 참아주고, 품어주고, 사랑하는 선생님 되기.

외풍이 아무리 거세도 옳은 것은 옳고 그른 것은 그르다고 말해주기.

교사가 된다는 것은 그렇게 초심을 잊지 말고 지키기 위해 때로 자신과도 싸워야 되는 일이라는 데 의기투합하여, 비슷한 사람들이 모여 공부하기 시작했고, 서서히 '울타리'도 세웠습니다. 이름하여 '올바른 교육을 위한 전국 교사 연합(바른교육)'.

몇 년 전 '나는 가수다'라는 TV 프로그램이 돌풍을 일으켰지요. 스스로 묻고 답해봅니다.

'나는 누구인가?' '나는 교사다. 대한민국 교사다.'

교사란 누구, 또는 무엇일까요?

어리고 여린 새순 같은 아이들이 이 땅에서 독립적인 개체로 굳건히 서서 살아가도록 길잡이가 되어야 할 사람입니다. 세상이 파랗다고 가르치면 우리의 아이들은 파란 줄 알고, 빨갛다고 가르치면 빨간 줄로만 알기에, 밤이고 낮이고 조심스럽게 서야 하는 자리입니다. 교단에서든 현장에서든 단체 여행 가는 버스나 배 안에서든, 아직은 어른들 말씀, 선생님 말씀을 푯대로 알고 따르는 아이들이기에, 행여 어그러진 말과 행동으로 아이들의 기준을 흐려서는 안 되는 그 길을 가고 있는 사람입니다. 통일을 간절히 바라지만 우리 조국 대한민국이 주인이 돼서 하는 자유 통일이 아니어서는 절대 안 된다는 것을 알게 해주고, 세상에 아무리 상대주의가 판을 쳐도 최후의 기준 하나만은 끝까지 지켜내야 한다고 일러주고 보여주어야 하는 사람입니다. 세상이 어떤 말로 꾀고 흔들어도 이 아이들이 세상을 바로 볼 수 있는 눈을 길러줄 책임과 사명이 있는 사람입니다.

대한민국 교사로 삼십 년 살아오며 지켜온 나의 교직관을 무딘 글솜씨로 정리해 써내려가며 머리와 가슴에 재장착하고 보니, 그것이 바로 나의 초심이었고, 5년 남은 정년 그날까지 나를 지탱할 심지가 될 것이었습니다. 이렇게 끄적이며 풀어낸 생각들을 수없이 다시 꺼내보고 날마다 새롭게 다지며 교단에서의 마지막 그날을 맞으려 합니다.

잘할 줄 아는 것도 별로 없고 힘이 있는 사람도 아니지만, 내가 사랑하고 나를 사랑하는 이 아이들을 끝까지 믿어주고 사랑하며,

이들이 자라 세상에서 자기 자리를 찾아갈 수 있도록 기술이 필요한 아이에겐 기술의 소중함을, 서책이 더 필요한 아이에겐 '먹물'의 힘만큼이나 책임이 엄중함을, 그리고 무엇보다 자유의 소중함을 가르치기를 게을리하지 말아야 할, 세상이 아무리 시끄러워도 우리 각자는 자기 자리에서 맡은 바에 최선을 다해야 함을 조용히 앉아 새기고 또 새기고 아이들에게도 가르쳐야 할, 세상이 험해지고 아이들은 약아져 교사의 권위가 무너져버린다고들 하지만, 그래도 끝까지 그 자리에 서서 무너지는 교단을 두 눈 부릅뜨고 지켜야 할,

나는 '대한민국' 교사입니다.

경쟁 없는 교실엔 경쟁력이 없다

펴낸날 **초판 1쇄 2020년 8월 7일**

지은이 **조윤희**
펴낸이 **김광숙**
펴낸곳 **백년동안**
출판등록 **2014년 3월 25일 제406-2014-000031호**

주소 **경기도 파주시 광인사길 30**
전화 **031-941-8988**
팩스 **070-8884-8988**
이메일 **on100years@gmail.com**

ISBN 979-11-86061-67-1 03370

※ 값은 뒤표지에 있습니다.
※ 잘못 만들어진 책은 구입하신 서점에서 바꾸어 드립니다.

이 도서의 국립중앙도서관 출판시도서목록(CIP)은 서지정보유통지원시스템 홈페이지(http://seoji.nl.go.kr)와 국가자료공동목록시스템(http://www.nl.go.kr/kolisnet)에서 이용하실 수 있습니다.(CIP제어번호: CIP2020031032)